Sejamos todos musicais
as crônicas na 3ª fase da *Revista do Brasil*

Sejamos reídos musicais

as múltiplas faces do Jovem Teatro do Brasil

Sejamos todos musicais
as crônicas na 3ª fase da *Revista do Brasil*

Mário de Andrade

Apresentação
Flávia Camargo Toni

Introdução, estabelecimento do texto e notas
Francini Venâncio de Oliveira

Copyright© 2013 Mário de Andrade

Grafia atualizada segundo o Acordo Ortográfico da Língua Portuguesa de 1990, que entrou em vigor no Brasil em 2009.

Publishers: Joana Monteleone/Haroldo Ceravolo Sereza/Roberto Cosso

Edição: Joana Monteleone

Editor assistente: Vitor Rodrigo Donofrio Arruda

Projeto gráfico, capa e diagramação: Ana Lígia Martins

Assistente acadêmica: Danuza Vallim

Revisão: Liana Martins

Imagem da capa: Capa de um cartão postal enviado a Mário de Andrade por Magdalena Tagliaferro no ano de 1944. Arquivo Mário de Andrade, série *Correspondências* – IEB/USP.

Este livro foi publicado com o apoio da Fapesp

CIP-BRASIL. CATALOGAÇÃO-NA-FONTE
SINDICATO NACIONAL DOS EDITORES DE LIVROS, RJ

S465

SEJAMOS TODOS MUSICAIS: AS CRÔNICAS NA
3ª FASE DA REVISTA DO BRASIL
organização Francini Venâncio de Oliveira. – 1ª ed.
São Paulo: Alameda, 2013.
176 p.

Inclui bibliografia
ISBN 978-85-7939-224-5

1. Andrade, Mário de, 1893-1945. 2. Crônica brasileira.
3. Modernismo (Literatura) – Brasil. I. Oliveira, Francini Venâncio de.

13-04009   CDD: 869.91
                  CDU: 821.134.3(81)-1

ALAMEDA CASA EDITORIAL
Rua Conselheiro Ramalho, 694 – Bela Vista
CEP: 01325-000 – São Paulo, SP
Tel.: (11) 3012-2400
www.alamedaeditorial.com.br

SUMÁRIO

Apresentação 7

Introdução 19

Crônicas 33

Sejamos todos musicais 39

Não venham me dizer 45
que estou tapeando

Por uma noite chuvosa 49

O correio, suculento de invejas 55

Por certo que hoje o meu assunto 61
não será Beethoven nem Berlioz

Os concertos de Backhaus 67

A lástima é que esta crônica vai se 75
transviar todinha

Entra um turco, irlandês ou peruano 83

O mundo da musicologia e da ciência 91

Pois no passado mês de 97
março, deu-se um acontecimento

Outro dia era um compositor 103

E eu tenho que falar na suíte 109
brasileira de Itiberê da Cunha

Com a abertura deste 113
mascarado inverno carioca

O salão da Escola Nacional de 119
Música regurgitava de ouvintes

Nós celebramos este ano 125

A música na República 129

Os concertos ainda continuam 135
se amontoando

Agora eu vou fazer o elogio da 141
canção popular

A Escola Nacional de Música 147

Camargo Guarnieri 153

Magdalena Tagliaferro 157

Os Toscaninis 163

Referências bibliográficas 167

Agradecimentos 173

Apresentação

Flávia Camargo Toni

ntroduzir novos leitores no universo musical de Mário de Andrade é tarefa complexa, porque mencionar dados biográficos, esparsos, ou enumerar realizações de apenas um momento de sua vida, ou ainda, selecionar algumas das obras escritas implica silenciar sobre tantos outros assuntos, dilema que não é novo, ainda bem. Mas a questão ganha novos matizes quando se trata da atuação do musicólogo no período em que morou no Rio de Janeiro, época durante a qual escreveu para a coluna "Crônica Musical" da *Revista do Brasil*. Para poder nuançar a intensidade de sua dedicação a certos temas e frentes de trabalho, preciso confrontar dois momentos da vida dele e as pesquisas sobre música com as quais esteve envolvido.

Em maio de 1935, Mário de Andrade interrompeu bruscamente a dedicação diuturna aos estudos sobre as constâncias melódicas e rítmicas da música brasileira que vinha alimentando desde meados de 1929: as análises das centenas de melodias e cantigas que colhera no Norte e Nordeste do Brasil foram guardadas em pastas e o assunto só foi retomado na década de 1940, ao regressar do Rio de Janeiro. Até julho de 1938 dirigiu o Departamento Municipal de Cultura de São Paulo, cujas bases ele acabara de erguer ao lado de Paulo Duarte e de Fábio Prado, órgão composto por cinco divisões: Expansão Cultural; Bibliotecas; Educação e Recreio; Documentação Histórica e Social; e Turismo e Divertimentos Públicos. Além disso, no rigor da lei, tomara para si a chefia da divisão de Expansão Cultural que incluía três seções: Teatros, Cinemas e Salas de Concertos; Discoteca Pública e Rádio Escola.

O diretor e demais colaboradores tinham pressa: ao comemorar o primeiro ano de gestão eles contabilizaram, só no âmbito da música, o planejamento da Rádio Escola, a fundação da Discoteca Pública e a realização de uma série de concursos para a criação de repertório para várias formações instrumentais. Mesmo contando com a colaboração de Paulo Magalhães, na seção de Teatros, e de Oneyda Alvarenga, na Discoteca, Mário de Andrade acompanhava tudo de perto, desde a seleção dos desenhos para as capas dos programas, a escolha dos repertórios, a redação dos textos, a ocupação das salas, até a criação de novos conjuntos.

Os resultados traduziam não apenas a intensidade e a dedicação ao projeto, mas a vontade de equipar a cidade com os atributos das capitais modernas. Os concursos abertos buscavam a eleição de uma obra sinfônica, um quarteto de cordas e uma peça para banda. A principal sala de concertos, o Teatro Municipal, que desde a inauguração, em 1911, não tinha sequer um piano para recitais, necessitava de uma programação estável, a partir de grupos fixos que foram criados para a música de câmara e vocal, estimulando igualmente a atividade amadorística. A plateia podia optar entre os sons de um quarteto, um trio, uma orquestra sinfônica e, na música cantada, o Coral Paulistano e o Madrigal. Caso quisessem cantar, os paulistanos contavam agora com o Coral Popular.

A modernidade bafejava também sobre a programação, cujas récitas estimulavam o exercício de jovens maestros e a apresentação de repertório novo. Mas tendo um musicólogo à frente da divisão, o ano de 1936, além de encerrar o mandato de Armando de Salles Oliveira, que se lançava candidato à presidência do país, festejava a vida e a obra de outro paulista ilustre, o compositor campineiro Antonio Carlos Gomes.

Como foi dito, interrompida a rotina das análises das centenas de melodias que vinha estudando, não encontrando mais tempo para nutrir, com outras leituras, os ensaios que pretendia escrever sobre bumba-meu-boi, fandangos, cocos e cheganças, entre 1935 e 1938 a atuação do pesquisador direcionou-se para outros assuntos, dinâmicos, como convinham ao gestor de um órgão público, solução possível para sua inquietação intelectual. Ainda assim, Mário de Andrade apoiava-se nas milhares de notas que se avolumavam nos últimos vinte anos nas estantes da casa da Rua Lopes Chaves, na biblioteca e nos arquivos. Logo, no período da gestão à frente do Departamento de Cultura, ele preparou e acompanhou a publicação de ensaios já alinhavados, como "Os Congos" e "O Aleijadinho e Álvares de Azevedo", ou a revisão de obras publicadas, como a terceira edição do *Compêndio de história da música* ou a reunião de conferências que resultou na primeira versão do livro *Namoros com a medicina*. Redigiu o Anteprojeto do Serviço do Patrimônio Artístico Nacional e "A *Fosca*", para a *Revista Brasileira de Música*, sem contar os três estudos que preparou para o Congresso da Língua Nacional Cantada (1937), a saber: "Anteprojeto de língua padrão para o canto erudito", "Os compositores e a língua nacional" e "A pronúncia cantada e o problema do nasal pelos discos". Porém, demandavam vasta e aprofundada pesquisa em fontes primárias e livrescas os textos "A música e a canção populares no Brasil" e "O samba rural paulista". Dentre todos foge bastante, pela temática, a publicação da oração de paraninfo lida na formatura dos alunos do Conservatório Dramático e Musical. Apelidada de "Cultura Musical", de natureza política e com forte carga ideológica, retrata, entre outros, o dia a dia de um professor que passara a se ocupar da "orientação da música pública" e que durante os últimos meses do curso dos formandos se ausentara diversas vezes das aulas em função do trabalho no Departamento de Cultura.

A biografia de Mário de Andrade no Rio de Janeiro entre o segundo semestre de 1938 e março de 1940 também já foi bastante estudada por Moacyr Werneck de Castro; ele esboçou o quadro de um intelectual que, deixando um espaço onde já se exercitava política e intelectualmente, tentou refazer um ambiente de trabalho sem sua biblioteca e seus fichários. Chegando à capital federal, o poeta e musicólogo paulista assumiu a cátedra de Filosofia e História da Arte e a direção do Instituto de Artes da Universidade do Distrito Federal, por breve período de tempo, passando a consultor técnico do Instituto Nacional do Livro, onde redigiu o projeto para a Enciclopédia Brasileira. Preparou a nova edição dos *Namoros com a medicina*, além dos ensaios sobre Cândido Portinari, e "A evolução social da música brasileira", originalmente uma conferência lida na Escola Nacional de Música. Outra conferência, publicada posteriormente como ensaio, "A expressão musical dos Estados Unidos", de dezembro de 1940, foi lida no Auditório da Associação Brasileira de Imprensa. Como crítico, atuou junto ao jornal *O Estado de S. Paulo* e ao *Diário de Notícias*, além da *Revista do Brasil*. Na esfera poética, ainda morando no Rio de Janeiro, iniciou a redação do romance *Quatro pessoas*. O que fez não é pouco, e os que frequentavam sua casa testemunharam uma atividade constante em torno das centenas de livros que ajudaram a recompor parcela do que necessitava para o preparo das aulas. Mas só os fichários colossais e a biblioteca de cerca de 10 mil exemplares poderiam saciar a sede do intelectual.

Não devo me demorar também nas questões que Francini Venâncio de Oliveira discutirá em seguida, mas os musicólogos que folheiam novos títulos de Mário de Andrade tentam encontrar, também, fontes originais para os estudos, tanto pela leitura de algo novo quanto pelo interesse específico em vários aspectos relativos à musicologia brasileira dos anos difíceis da Segunda Guerra.

Nas 22 crônicas escritas entre agosto de 1938 e junho de 1940, ele discorreu sobre poetas, artistas plásticos, romancistas, musicólogos, cantadores, instituições musicais, políticos, compositores e intérpretes, brasileiros e estrangeiros, contemporâneos ou de tempos remotos. Porém, a abordagem dos assuntos difere bastante dos artigos escritos em outra fase do periódico, e para os estudiosos do pensamento musical de Mário de Andrade logo vem à mente "Debussy e o Impressionismo", de junho de 1921, ou "Crítica do gregoriano", de outubro de 1926, quando a *Revista do Brasil* era dirigida por Monteiro Lobato, e Mário de Andrade sequer escrevera *Macunaíma* ou o *Ensaio sobre música brasileira*.

A partir de 1938, morando no Rio de Janeiro e escrevendo crônicas que tratavam de música, Mário mencionou os nomes de seus contemporâneos, como Jaime Ovalle, Radamés Gnatalli, Lucília Villa-Lobos, Francisco Mignone, Luiz Heitor Corrêa de Azevedo, Itiberê da Cunha, Joanídia Sodré, Lorenzo Fernandez, Camargo Guarnieri, Magdalena Tagliaferro e Guiomar Novaes, mas citou também Francisco Manuel da Silva e José Mauricio Nunes Garcia. Falou sobre alguns intérpretes estrangeiros, como Wilhelm Backhaus, Brailowsky, Simon Barer, Tomás Terán, radicados no Brasil ou não, mas não deixou escapar Hector Berlioz, Carissimi, G. Frederic Haendel ou Palestrina. Entre as obras sobre as quais discorreu nem todas são dedicadas exclusivamente à música – caso de *Vaqueiros e cantadores*, de Câmara Cascudo – porque na realidade ele queria falar agora sobre a política cultural e o espaço que as artes ocupavam na vida do Brasil.

A produção jornalística e musical de Mário de Andrade, após a saída do Departamento de Cultura, não se esgotou nas crônicas publicadas na terceira fase da *Revista:* ele seguiu escrevendo sobre matéria diversificada entre janeiro e julho de 1941 e entre janeiro e março do ano seguinte. E graças ao trabalho de Jorge Coli, já se conhece em livro parcela relevante do rodapé "Mundo Musical" da *Folha da Manhã*, as matérias jornalísticas do período 1943/1945. No campo das letras, Mário se concentrou no espaço da coluna "Vida literária" do *Diário de Notícias*, no qual colaborou entre março de 1939 e março de 1942. No da música, publicou em média três artigos mensais, a partir de outubro de 1938, n' *O Estado de S. Paulo*, e com certa regularidade no "Suplemento em Rotogravura", quinzenal, entre abril de 1939 e março de 1940. Do jornal da família Mesquita, o musicólogo chegou a selecionar 15 artigos para a inclusão na segunda edição de *Música, doce música,* que incluiu nas *Obras completas* da Editora Martins.

No campo da música, é possível afirmar que há diferença sensível na produção de Mário de Andrade entre o período de 1929 – o regresso da segunda viagem ao Norte e Nordeste – e o de seu retorno do Rio de Janeiro, em 1941, período no qual se aloca a "Crônica Musical" da *Revista do Brasil*. As características mais distintivas acompanharam circunstâncias que alteraram profundamente a rotina de trabalho do intelectual e musicólogo, como a fundação do Departamento Municipal de Cultura de São Paulo, em 1935, e a mudança para o Rio de Janeiro, em 1938. Mas o perfil do intelectual que emerge no final daquele sofrido decênio do século xx só pode ser compreendido na análise da gestão do homem público que se frustrou com a interrupção brutal de seus projetos. Foi este o autor das crônicas que Francini trouxe à tona, são estes alguns dos textos que acompanham o gestar do ensaio "O artista e o artesão", escrito no Rio de Janeiro. Assim, quando a Orquestra da NBC, regida por Arturo Toscanini, veio ao Brasil e entrou em discussão o quanto se gastava para se ter acesso a empresa desta monta, o riso irônico de Mário de Andrade foi tão alto que ecoa até os dias de hoje ao dizer:

"Maestro que Toscanini adestra,
Tem batuta mas não tem orquestra".

O ESTABELECIMENTO DO TEXTO

Francini Venâncio de Oliveira participou de dois projetos de Iniciação Científica, sob minha orientação, enquanto cursava a graduação em Filosofia na Universidade de São Paulo. Entre abril de 1999 e março de 2001, preparou as crônicas de Mário de Andrade publicadas na terceira fase da *Revista do Brasil; e* reuniu, no outro projeto, os textos do crítico para o *Diário Nacional*, publicados entre 1930 e 1932 – sempre com bolsa da Fundação de Amparo à Pesquisa do Estado de São Paulo (Fapesp).

O Arquivo do Instituto de Estudos Brasileiros não possui os manuscritos das crônicas de Mário de Andrade aqui publicadas, os quais provavelmente foram entregues, em mãos, ao editor. Nesse sentido, a transcrição respeitou o que o periódico publicara e não há como saber das possíveis interferências e alterações realizadas. Em "Por uma noite chuvosa", por exemplo, abnegado, o autor pediu a cumplicidade do leitor ao se queixar da interferência no seu modo de escrever:

> Quem era Radamés Gnatalli para mim? (Aliás, digo de passagem: já sei que a *Revista do Brasil* vai escrever bem compridamente 'para' com todas as letras. Tenho paciência e aceito. Questão de musicalidade su-

avíssima e detestadora de quaisquer guerras. Mas saibam os leitores da *Revista do Brasil* que escrevi foi um *p,* um *r* e um *a.* Apenas).

Aparentemente, a questão da normatização ficaria resolvida com a adoção do princípio de que todo e qualquer "para", "para a" e "para o" seriam automaticamente convertidos em "pra" e "pro". No entanto, tal solução contemplaria apenas uma das idiossincrasias do escritor, desequilibrando um princípio geral de transcrição. Casos como as grafias de nomes de obras, personalidades de várias áreas, locuções pronominais e substantivos compostos permaneceriam sem solução. Para tanto, foi adotado o princípio de respeitar o texto da *Revista do Brasil* de acordo com a norma culta vigente, mas mantendo formas caras ao musicólogo, tais como "João Sebastião Bach", "obra-de-arte", "padrim", dentre outras.

O mesmo se dá com a grafia dos nomes de artistas, escritores e compositores. Ao que parece a *Revista* também interferiu nesses casos. Na crônica de setembro de 1938, por exemplo, o nome do compositor brasileiro Jaime Ovalle aparece grafado com um y; entretanto, em meio às partituras desse autor existentes na biblioteca de Mário de Andrade, foram encontradas duas peças, *Azulão* e *Modinha*, cujas capas trazem, a lápis vermelho, o nome do compositor grafado pelo musicólogo com i e somente um l: Jaime Ovale – o que leva a crer que Mário possa ter escrito dessa mesma maneira na crônica musical de setembro de 1938.

Hipóteses à parte, durante a pesquisa de Francini Venâncio de Oliveira o estabelecimento da grafia de nomes dos compositores, artistas e personalidades em geral baseou-se na consulta às obras de referência consagradas, como o *Dicionário Grove*, para a música universal, a *Enciclopédia da Música Brasileira*, para a produção nacional e a *Grande Enciclopédia Larousse Cultural*, para os fatos históricos.

À medida que os textos eram lidos e relidos, percebemos, Francini e eu, que fazia muita falta nomeá-los, pois apenas quatro foram batizados pelo autor: "A música na República" (novembro de 1939); "Camargo Guarnieri" (março de 1940); "Magdalena Tagliaferro" (abril de 1940) e "Os Toscaninis" (junho de 1940). Os demais, encabeçados apenas pelo nome da seção, "Crônica Musical", causavam certo embaraço na rotina da pesquisa porque a memorização das datas era muito árdua. Assim, adotamos como título a primeira frase de cada artigo e o resultado, além de prático, tornou-se poético, como em "Sejamos todos musicais", por exemplo.

Enquanto Francini pesquisava a grafia dos nomes de personalidades, empresas – como a Standard Oil –, locais, monumentos – caso da "compoteira" –, ou estudava os neologismos empregados pelo escritor, a pesquisa foi se espalhando dos dicionários e enciclopédias para as páginas das obras por ele escritas ao longo das carreiras de poeta e musicólogo, e a jovem pesquisadora leu toda a obra de Mário de Andrade. A busca pelas respostas conduziu-a através do arquivo e da biblioteca, alcançando outros acervos. E o exercício seguinte foi ponderar sobre a medida da informação que caberia a cada nota de rodapé, de forma a não sobrecarregar a leitura. Aluna do curso de Filosofia da Universidade de São Paulo, espírito inquieto e curioso, as análises dos textos de Mário de Andrade levaram Francini a outras leituras, agora no campo das Ciências Sociais, e ela sabiamente elegeu o Programa de Pós-Graduação em Sociologia da Faculdade de Filosofia, Letras e Ciências Humanas da Universidade de São Paulo para o mestrado e o doutorado, conduzidos pela colega Maria Arminda do Nascimento Arruda, que também acolhe a edição destas crônicas.

Introdução

Francini Venâncio de Oliveira

Em agosto de 1938, sob a direção do historiador Otávio Tarquínio de Sousa, a *Revista do Brasil,* então na sua terceira fase, inaugura uma nova coluna assinada por Mário de Andrade sob o título de "Crônica Musical", apenas. Obviamente, não era a primeira vez que o periódico abria espaço ao afamado escritor, pois Mário era dele velho conhecido: em suas páginas já havia publicado contos, crônicas de arte, bem como ensaios durante praticamente todo o decênio de 1920, muitos dos quais foram de grande destaque nos círculos intelectuais do país. Contudo, em fins da década de trinta, Mário mostra-se de certo modo distante do intelectual vanguardista que provocara seus leitores denominando-se "lobo sem alcateia" durante a primeira fase da revista, na época dirigida por Monteiro Lobato. O escritor está, enfim, longe de provocações arrebatadas, bem como de ironias sarcásticas que teatralizavam certo ar de "insolência e desprezo", tal como bradado na ocasião:

> [...] pretendo conservar ao leitor sua condição de ovelha. Sou lobo, já o reconheci; e lobo sem alcateia. O que será engano e vaidade... mas isso, no terreno artístico, não me importa a

> mim que escrevo pelo gozo de es-
> crever, sem me preocupar absoluta-
> mente com a existência de possíveis
> leitores. Em relação a estes sempre
> assumi e assumirei ar de insolência
> e desprezo.[1]

Mais comportado e esquivo a polêmicas, o modernista revela ter baixado a guarda, mostrando-se mais "musical e cortês". Tendo se recomposto, confessará, deseja agora falar de flores, "mesmo que seja numa crônica musical" – postura que em parte não deixa de ser apanágio do convite que faz ao público já no texto de reestreia: *sejamos todos musicais.*

Porém, que não se engane o leitor. Apesar da singeleza e da candura que a princípio parecem marcar a nova postura do cronista, não se deve imaginá-lo, contudo, escrevendo de modo solto e descompromissado, muito embora o gênero escolhido para trazer à baila os acontecimentos e o cotidiano musical do país permitisse ares de conversa fiada sem grandes consequências:[2]

> Sejamos todos musicais.
>
> Há uma palavra de Confúcio que sempre me impressionou profundamente, mas de que só já bem entrado nos anos, pude compreender no... meu sentido. É quando o sábio diz: "se música e cortesia são bem compreendidas e estimadas, não há guerras". Eis uma sutil e asiáti-

---

1 ANDRADE, Mário de. *Revista do Brasil*, 1ª fase, janeiro de 1923, vol. 22, nº 85, p. 48.

2 Cf. CANDIDO, Antonio. "A vida ao rés do chão". In: *Para gostar de ler*. São Paulo: Ática, 2003, p. 89-99.

Introdução

> ca maneira de botar abaixo quanto os marxismos e outras pesadonas doutrinas européias nos ensinam sobre as guerras e as políticas. Tudo se reduz a uma questão de música e de cortesia – por onde talvez se possa desejar que nalguma era ainda muito futura os Confúcios governem o mundo.[3]

O autor não se encontra, enfim, em situação de "meras gratuidades" – como, aliás, ele próprio fará questão de esclarecer momentos depois de lançar o referido convite e de incitar reflexões ancoradas na filosofia confucionista. Pelo contrário, posto que vivia um momento bastante dramático de sua vida e encontrava-se muito abalado emocionalmente, ao longo das 22 crônicas publicadas quase ininterruptamente pela *Revista do Brasil* até meados de 1940,[4] Mário de Andrade mostrar-se-á um intelectual mais maduro e consciente de seu ofício; envolvido como nunca com as questões políticas de seu tempo, de tal modo que será possível percebê-lo militando em prol de uma concepção de arte muito particular e por ele mesmo considerada engajada ou *de combate.*

Escritor cada vez mais comprometido politicamente, mas que ao mesmo tempo dizia estar com o "cérebro fatigado" e "já sem muitas ilusões", quem é, afinal, o cronista em 1938?

Como se sabe, esse não é um período qualquer na vida de Mário de Andrade, pois trata-se de um mo-

---

3   Cf. crônica: "Sejamos todos musicais".

4   Com exceção do mês de maio de 1940, as crônicas foram mensalmente publicadas por quase dois anos, isto é, de agosto de 1938 a junho de 1940.

mento em que incertezas se instalam e, consequentemente, revisões do ponto de vista teórico e intelectual são experimentadas; momento em que o autor põe ainda mais em relevo uma tensão que sempre estivera presente em sua obra, qual seja o embate do modernista com sua "sensibilidade de artista, cônscio das exigências da escritura" de um lado, com seus "impulsos de intelectual à procura do melhor desempenho no papel formador da nacionalidade e/ou no trabalho de construção social" de outro, como muito bem notou João Luiz Lafetá.[5]

Para ser mais clara, 1938 é o ano em que Mário desliga-se abruptamente das funções que ao longo de três anos exercera no Departamento Municipal de Cultura de São Paulo e, muito abalado, muda-se para o Rio de Janeiro, logo tomando posse da cadeira de Filosofia e História da Arte da então recentíssima Universidade do Distrito Federal, sendo que a colaboração para a *Revista do Brasil,* terceira fase, surge um mês após a transferência para a capital fluminense, momento em que também escreve para o *Estado de S. Paulo,* a *Revista Acadêmica* (RJ) e o *Diário de Notícias* (RJ).

Assim, diferentemente do momento em que publica obras como o *Ensaio sobre Música Brasileira* (1928) e o *Compêndio de História da Música* (1929), é notável que nos seus últimos anos de vida o escritor enfatize a orientação política que passa a direcionar sua obra, levando-o à concepção de uma *arte engajada* e fazendo-o pôr em marcha "a sua noção clara

---

5   LAFETÁ, João Luiz. *1930: a crítica e o modernismo.* 2ª ed. São Paulo: Duas Cidades; Editora 34, 2000, p. 154.

dos deveres políticos da arte".[6] Portanto, o conjunto de textos reunidos nesta edição figura dentre aqueles considerados os mais densos e complexos desse autor, sobretudo se considerados à luz da teoria estética por ele cunhada e que se ancorava num "anti-individualismo confesso e dirigido"[7] – como é possível comprovar, por exemplo, na crônica musical de setembro de 1939:

> O salão da Escola Nacional de Música regurgitava de ouvintes como nunca. A comoção ardia em todos nós, o entusiasmo, o sorriso; e tudo pela graça misteriosa e invencível da criança. [...] No palco, disposto para orquestra e banda, um turibular de perninhas balouçantes, outras mal roçando o solo, só crianças!
>
> [...] Raramente já senti neste Rio de Janeiro, onde a música individualista e a virtuosidade dominam com seu infecundo esnobismo, uma tão profunda, tão social comoção da arte. Foi realmente um momento esplêndido de solidariedade humana; e a verdadeira felicidade, sem ambições, sem egoísmos pessoais, arrebatara todos, ouvintes como executantes, para não sei que mundos apenas sonhados de igualdade e desprendimento. E colaboração. É possível a gente imaginar que Toscanini dirigindo a Sinfônica de Boston

---

6   ALVARENGA, Oneyda. *Mário de Andrade, um pouco*. Rio de Janeiro: José Olympio, 1974, p. 77.

7   ANDRADE, Mário de. "O movimento modernista". In: *Aspectos da Literatura Brasileira*. São Paulo: Martins; Brasília: INL, 1972, p. 254.

> fará música mais virtuosisticamente perfeita. Mas naquele mundo inteiro de ouvintes e executantes que Joanídia Sodré comandava, existia essa coisa, pouco humana em geral, que se chama colaboração humana. Os ouvintes colaboravam. E este é um eterno princípio da arte, um elemento que só foi abandonando a música à medida que a virtuosidade sobrepujou a conceituação congregacional da arte sonora.[8]

A nítida mudança de temperamento do autor merece aqui ser compreendida a partir do que Antonio Candido, na década de 40, observava "há muito" se vinha notando no "grande escritor paulista", isto é, "uma recomposição da sua atitude enquanto artista diante da vida" que, no mais, o obrigava a "reorganizar suas concepções das coisas".[9] É, pois, nesse sentido que as alusões "musicais", "corteses" ou mesmo "floridas" de Mário de Andrade devem ser lidas, já que refletem de maneira muito peculiar as angústias e frustrações que projetos não realizados, assim como determinadas situações lhe despertaram: as profundas desilusões sofridas com a saída abrupta do cargo que então ocupava no Departamento de Cultura paulistano, somadas aos conflitos decorrentes da Segunda Guerra Mundial e de suas dificuldades financeiras, transparecem e se

---

8   Cf. crônica "O salão da Escola Nacional de Música regurgitava de ouvintes".

9   CANDIDO, Antonio. "Jornada heroica". *Apud* COLI, Jorge. *Música Final*. Campinas: Editora da Unicamp, 1998, p. 260.

tornam cada vez mais presentes nos textos tardios do autor, incluindo aí suas crônicas musicais.

Em outras palavras, as crônicas, além de seu caráter de orientação crítica, inauguram, no plano da musicologia, as ambiguidades e contradições desse polígrafo incansável e, nesse sentido, a comparação com os textos do autor escritos anos depois para o rodapé "Mundo Musical", do jornal *Folha da Manhã,* torna-se inevitável, haja vista a semelhança do tom, como também dos temas que ali parecem se prolongar. A título de exemplo, basta observar uma vez mais o interesse de Mário pelas filosofias orientais, em especial pela figura de Confúcio, que surge num momento muito específico de sua atividade como musicólogo. Em "O maior músico", texto de estreia no rodapé acima citado, Mário se mostra novamente tomado pela filosofia do "sábio-china", como ele próprio gostava de dizer, ao se envolver de maneira curiosa com a história de um "chineizinho" que, não obstante soubesse pouca música, havia se tornado exemplo a ser seguido no país devido às suas "canções humaníssimas" e à submissão de sua arte a uma "causa maior":

> [... quero] propor aos que me lerem o músico que eu considero o mais sublime do mundo moderno, o mais digno de ser admirado e seguido. [...] Nyh Erh é o maior dos músicos do nosso tempo. Ele soube compreender que em certos momentos decisivos da vida, a arte só tem que voluntariamente servir. [...] Nyh Ehr ajudou como ninguém o levantamento do seu povo. Ninguém na China ignora o "Chee-Lai", que tor-

nou-se o hino nacional de milhão de guerrilheiros chins.[10]

Como esclarece Jorge Coli, Nyi Erh é sem dúvida um "exemplo dramatizado" e uma "ilustração poderosa"[11] da reflexão teórica proposta por Mário de Andrade alguns anos antes no ensaio "O artista e o artesão", representando assim "a perfeita consciência criadora diante das exigências da arte"[12] ali defendida pelo autor. Nesse ensaio, curiosamente concebido na mesma época em que publica suas crônicas musicais, Mário tece uma reflexão voltada à necessidade de o artista recuperar a dimensão *artesanal* da arte a fim de evitar sua desmoralização e de modo a estabelecer uma comunicação equilibrada com as dimensões sociais da mesma. A figura do artesão – ou do musical, como muitas vezes aparecerá nas páginas da *Revista* – emerge, pois, como um contrapeso necessário à valorização do *virtuose* que, segundo o crítico, seria o grande responsável pelo desencaminhamento da arte de sua verdadeira finalidade.

Contemporâneas desse texto hoje célebre, as crônicas reunidas nesta edição não poderiam deixar de apresentar questões semelhantes. Elaboradas no mesmo período, poder-se-ia dizer que "navegam nas mesmas águas"[13] do referido ensaio, apesar do tom agora mais descontraído e leve, certamente. Os textos reunidos nesta edição anunciam, enfim, o complexo redimensionamento de Mário dado às suas reflexões

---

10 COLI, Jorge. *Op. cit.*, p. 33.

11 *Ibidem*, p. 204.

12 *Ibidem*.

13 *Ibidem*.

estéticas, mostrando-se o autor mais do que nunca preocupado com o destino que a arte tomava no século xx. Ao comentar a temporada de concertos do Rio de Janeiro em 1939, por exemplo, dirá:

> Com a abertura deste mascarado inverno carioca, tão estival que dá vontade de escrever *hynverno* para que ele fique um bocado mais frio, as grandes águias do piano vêm pousar nesta beirada marinha. Brailowsky, Simon Barer e outras espécies sonoras de penachos.

> [...] Sim, que grandes pianistas são esses! Que sensibilidades incomparavelmente ricas e que técnicas de causar assombro!...Mas, até que ponto essas águias de fecundo outono serão também os águias de falso inverno? É doloroso que artistas tão possivelmente grandes se assemelhem assim a este nosso inverno de *villegiatura,* sem fomes, sem perigos nem pavor. Eu, no meu irredutível anseio de admirar, os teria desejado mais definidos, mais climatologicamente catalogáveis dentro da arte verdadeira. Mas parece que as exigências da...da...do quê? Meu Deus! Faz esses grandes preferirem se colocar dentro das vaidades do mundo.[14]

É bem verdade que a compreensão que o musicólogo tem de todo esse processo histórico que culmina no desaparecimento do "artista-artesão" do

---

14 Cf. crônica: "Com a abertura deste mascarado inverno carioca".

Antigo Regime e que faz emergir a figura do *virtuose* está fortemente urdida numa perspectiva nostálgica e moralizante não somente da arte, como também – e principalmente – do artista. Nesse sentido, a alusão ao confucionismo, feita em mais de uma ocasião nas páginas da conhecida revista, está longe de ser algo casual: Confúcio e os chineses, de modo geral, seriam por ele constantemente lembrados numa espécie de contraponto a essa figura moderna e desencantada do artista, mas não só; o Oriente também serve de contraponto às desilusões, bem como às angústias que, vez por outra, o cronista demonstrava terem sido desencadeadas por situações e conflitos muito particulares e que, de certa maneira, contribuíram para que ele repensasse sua posição intelectual, assim como o papel do artista na sociedade:

> Os concertos de Backhaus causaram em nossa elite social, este ano, uma impressão muito medíocre. Houve quase um esboço de repúdio, que só não se deu por... meu Deus! Por uma consciência de cultura, que bem nos fazia perceber (sem apreciar) a elevação artística do célebre virtuose. Mas é que as agitações sociais que nos têm perturbado tanto estes últimos anos, começam finalmente a produzir os seus efeitos nos meios geralmente tão gratuitos, tão diletantes das nossas elites sonoras. Ainda vagueiam por estas plagas copacabânicas, é certo, vários últimos helenos citariatas, muito áticos e indiferentes aos fachismos e ao caso da Itabira. Mas na realidade nós não estamos mais suficientemente azuis,

> desculpem, para aceitarmos o Eliseu
> equilíbrio de um Backhaus.[15]

Cabe reconhecer que o tema da técnica, somado à problemática filosófica do impulso criador, sempre foram motivos recorrentes na produção de Mário de Andrade e remontam, inclusive, aos cursos que o musicólogo dava no Conservatório Dramático e Musical de São Paulo antes mesmo de ter participado da Semana de Arte Moderna. Contudo, é preciso lembrar que seu interesse por questões próprias à filosofia da arte ou até mesmo à psicologia da criação se acentua com o passar dos anos e denota, obviamente, o rico amadurecimento da consciência crítica desse intelectual. E, não obstante tais questões tenham sempre ocupado o escritor, algo de novo parece surgir em sua produção estética e musical neste momento: nas páginas da *Revista do Brasil,* terceira fase, Mário de Andrade anuncia questões que, como já se disse, tornar-se-iam cada vez mais presentes na sua obra, sobretudo no que diz respeito à sua atividade como musicólogo, na qual se pode notar um esforço bastante rico e complexo de revisões conceituais que torna nítido o amadurecimento do autor em relação aos destinos da arte *na* e *para* a sociedade.

Mas também é preciso reconhecer que através dos textos aqui presentes Mário percorre de forma original e muitas vezes divertida os principais eventos musicais e artísticos do período. Ao longo das crônicas, o leitor não só irá se daparar com a figura do musicólogo sério e comprometido, como também com o ouvinte compenetrado e assíduo frequentador

---

15   Cf. crônica: "Os concertos de Backhaus".

de concertos e outros espetáculos musicais, sendo aos poucos convidado a participar de suas impressões, bem como das experiências por ele vividas nesse universo social: se por um lado estes artigos fazem reverberar os propósitos engajados e políticos de Mário de Andrade, por outro não deixam de ser fonte necessária e importante para a reconstrução e registro de fatos notáveis da vida musical brasileira do final dos anos 1930 e início da década de 1940.

Não seria exagero concluir que as novas significações atribuídas à arte e ao artista, tão bem presentes na série *O Banquete* e no rodapé "Mundo Musical" do jornal *Folha da Manhã,* parecem nascer deste interessantíssimo conjunto de crônicas escritas com exclusividade para a terceira fase da *Revista do Brasil* – tornando-se, pois, a grande expressão desse momento em que o crítico passa a dialogar fortemente com as instâncias sociais de sua própria existência e revelando muito de suas angústias e perplexidades. Intelectual cada vez mais consciente de seu ofício, mais artisticamente engajado, nas páginas da *Revista* chegará a defender que

> [...] a melhor, a mais profunda e verdadeira música, a que não desmente as suas origens nem mente aos seus ideais, não será nunca a que se faz no palco, mas a que se faz nas escolas, nos clubes, nos lares, nos bairros, nos templos... a música como elemento de vida. E não de subsistência, como se faz entre nós...[16]

---

16   Cf. crônica: "O salão da Escola Nacional de Música regurgitava de ouvintes".

Espera-se que com esta edição o leitor consiga não só captar as revisões e os rearranjos teóricos realizados de maneira árdua e complexa na produção crítica e musical de Mário de Andrade, como também possa se entregar àquele convite que muito sinceramente lhe foi dirigido; e no qual subjaz todo o esforço que o poeta exigira de si próprio nos seus anos finais: *sejamos todos musicais.*

Crônicas

REVISTA
DO
BRASIL
(FUNDADA EM 1916)

Direcção: OCTAVIO TARQUINIO DE SOUSA

SUMMARIO

MACHADO DE ASSIS — Queda que as mulheres teem pelos tolos ..	113
TRISTÃO DA CUNHA — O ouro das horas	126
JOSÉ REGIO — Contra o eterno preconceito	132
ALCEU AMOROSO LIMA — A Igreja e o mundo moderno	135
AUGUSTO MEYER — Molière, theatrinho subjectivo	149
ADOLPHO CASAES MONTEIRO — O nosso contemporaneo Dostoievsky	153
JORGE DE LIMA — O immenso desanimo	159
MANUEL BANDEIRA — Alphonsus de Guimaraens	163
ARTHUR NEIVA — Sonhando acordado	175
PESQUIZAS E DOCUMENTOS — Eça de Queiroz e Ramalho Ortigão	190
MOVIMENTO LITERARIO DA FRANÇA — Dois novos classicos: François Mauriac e Georges Duhamel	194
SCIENCIAS — A transmutação dos elementos	198
NOTAS E COMMENTARIOS	202
CHRONICA MUSICAL	206
ARTES PLASTICAS	209
Á MARGEM DE REVISTAS ESTRANGEIRAS	212
LIVROS	215

CHRONICAS DE
ROBERT GARRIC, VIEIRA PINTO, MARIO DE ANDRADE, SANTA ROSA, LUIS JARDIM E ALMIR DE ANDRADE

AGOSTO - 1938

Anno I	3.ª phase	N.º 2

Capa da *Revista do Brasil*, 3ª fase. Agosto de 1938 (Biblioteca Mário de Andrade, Instituto de Estudos Brasileiros, IEB/USP)

CHRONICA MUSICAL

Sejamos todos musicaes.

Ha uma palavra de Confucio que sempre me impressionou profundamente, mas que que só já bem entrado nos annos, pude comprehender no... meu sentido. E' quando o sabio diz: "si musica e cortezia são bem comprehendidas e estimadas, não ha guerras". Eis uma subtil e asiatica maneira de botar a baixo quanto os marxismos e outras pesadonas doutrinas europeas, nos ensinam sobre as guerras e as politicas. Tudo se reduz a uma questão de musica e de cortezia — por onde talvez se possa desejar que nalguma éra ainda muito futura os Confucios governem o mundo.

Estas poucas coisas que estou dizendo agora, eu já me pensara um pouco antes, quando estourei por esta chronica com aquelle sabio conselho inicial: sejamos todos musicaes. Agora posso accrescentar "sejamos tambem cortezes", muito embora me pareça a cortezia um corollario da musica. Ou melhor: do musical.

Esta foi, para mim, a differença deslumbrante que, já bem entrado nos annos, me fez emfim comprehender um dia o delicadissimo pensamento do sabio china. Não poderei resumir nesta chronica tudo quanto Confucio entende por musica, e o quanto do dominio dos sons elle exclue della. Mas, com esta feliz prerogativa de estar com a palavra, garanto que Confucio entendia por musica muito mais o que largamente entendemos por "musical", esta palavra linda.

Repare-se a differença entre dizer de alguem que é um musico e de outro alguem, que é um musical. E' quasi a mesma differença que vae entre a sempre desillusoria dadiva e a sempre illusionista promessa. O musico é. E' o ser que sabe musica, é o elemento incommodativo da musica. De mais a mais, por maior bem que eu queira ao meu querido amigo Villa Lobos, ao meu querido amigo Camargo Guarnieri e outros sêres polymelodicos de que tenho a experiencia, o musico não deixará jámais de me causar um tal ou qual temor. A's vezes uma séria inquietação.

Já o mundo dos "musicaes" é muito mais pacifico, exactamente como entre os cortezes de Confucio. O individuo muito musical é exactamente a cortezia da musica. E' o sêr de todas as curiosidades, de todas as esperanças e de todas as comprehensões. Até no facies se nota a differença. Todos nós já temos conhecimento de muitos musicos e de muitos musicaes, pois reparem: si evocamos um musico, embora todos os musicos desse mundo já muito que tenham rido e sorrido para nós, nós os evocamos sérios. Ao passo que os musicaes, estão sempre sorrindo. E' o pacifismo, senhores. E' a cortezia e a desistencia da guerra, do profundo pensamento de Confucio. Reparem: Beethoven é um musico, Mozart é um musical. E acho que jámais se explicou melhor a differença entre esses dois batutas.

E si então nos dilatarmos pelo sentido da prestigiosa palavra, e pensarmos que se diz de um riso de criança, que é "musical", e, indo mais longe, que de certas mulatas ou rainhas do nosso peito, dizemos que têm o andar "musical": sejamos todos musicaes!

Não se imagine porém que estou em divagações de mera gratuidade, não. Tudo isto me veiu de violentas indignações que vêm roncando em mim e agora estão explodem não explodem, por ter eu recebido a excellente edição do "Guarany", na tradução do poeta Paulo Barros. Ora, além das paciencias da idade, me vejo num momento de meu destino e de certos descalabros culturaes, em que faço questão de não explodir. Pura questão de cortezia, aliás... Foi isso, foi isso sim, a indignação diante de actos de fatuidade e incomprehensões andazes, que me obrigou a repensar o meu Confucio, readquirir a grave cortezia, e evitar o predominio do Eu, por meio do "sejamos" todos nós.

Mas quem se recompoz fui eu. Estou mais musical agora. E emquanto as operas sybillam e gargarejam, seus "addios" e *am⁴* "t'rnas" de exoticas linguagem; emquanto os mais chamejantes disfarzes verdeamarellizam coisas que, franqueza, nem nacionaes precisavam ser (por innocuas); mas é só dar mais um passo e chamaremos de alagoana á Standard Oil e ficaremos todos muito satisfeitos com o petroleo mexicano do Brasil, ora, mas, onde é que eu ia com esta phrase? ah!... emquanto se mercadejam mascaras de varios feitios, como escrevi acima, eu, do meu amigo Paulo Barros, tenho quasi piedade.

E' um musical, este Paulo Barros. Musical pelos gostos de musica, pelo que promette e pela cortezia. Dá-se a trabalhos heroicos, com um carinho, uma intelligencia, um sonho dignos de melhor applicação. Traduz o "Guarany" que se consegue publicar, para que Pery e o chefe dos Aymorés possam cantar em portuguez legitimo. E já tem prompta a tradução do "Escravo".

Percorro a tradução, ouvindo gargarejar lá fóra um "Rigoletto" rigolô". Tradução acuradissima. Textos vulgares a que o nosso poeta, já agora por pura cortezia com o libretista, se esforça por nobilitar. A musica foi rythmicamente respeitada com idolatria. Raros os momentos em que discordo da solução nacional, poucas tambem os que me parecem menos felizes. E' realmente uma obra de grande valor que não justificará nunca mais um "Guarany" cantado em italiano, por companhias nacionaes.

Mas sejamos cortezes, amigo Paula Barros. Deixemos que as ambições e as vaidades se realizem em plena paz. Quero dizer: ao deus dará.

MARIO DE ANDRADE

Sejamos todos musicais

Sejamos todos musicais.

Há uma palavra de Confúcio que sempre me impressionou profundamente, mas de que só já bem entrado nos anos, pude compreender no... meu sentido. É quando o sábio diz: "se música e cortesia são bem compreendidas e estimadas, não há guerras." Eis uma sutil e asiática maneira de botar abaixo quanto os marxismos e outras pesadonas doutrinas europeias, nos ensinam sobre as guerras e as políticas. Tudo se reduz a uma questão de música e de cortesia – por onde talvez se possa desejar que nalguma era ainda muito futura os Confúcios governem o mundo.

Estas poucas coisas que estou dizendo agora, eu já me pensara um pouco antes, quando estourei por esta crônica com aquele sábio conselho inicial: sejamos todos musicais. Agora posso acrescentar "sejamos também corteses", muito embora me pareça a cortesia um corolário da música. Ou melhor: do musical.

Esta foi, para mim, a diferença deslumbrante que, já bem entrado nos anos, me fez enfim compreender um dia o delicadíssimo pensamento do sábio china. Não poderei resumir nesta crônica tudo quanto Confúcio entende por música, e o quanto do domínio dos sons ele exclui dela. Mas, com esta feliz prerrogativa de estar com a palavra, garanto que Confúcio entendia por música muito mais o que largamente entendemos por "musical", esta palavra linda.[1]

Repare-se a diferença entre dizer de alguém que é um músico e de outro alguém, que é um musical. É quase a mesma diferença que vai entre a sempre desilusória dádiva e a sempre ilusionista promessa. O músico é. É o ser que sabe música, é o elemento incomodativo da mú-

---

1   Na biblioteca de Mário de Andrade, sabe-se que ele lê Confúcio nas obras: KHONG-TSEU. *Les livres de Confucius*, trad. Pierre Salet. Paris: Payot, 1923; "La musique et les philosophes chinois". *La Révue Musicale*, Paris, Henry Prunières, vol. VI, n° 4, fev. 1925, p. 136-9; "Musique orientale et musique occidentale". *Les Mois – synthèse de l'activité mondiale*, n° 20, Paris, Maulde et Renou, ago. 1932, p. 250.

Voltada, sem dúvida, para algo mais espiritual do que racional, a música, na maneira como Confúcio a concebe, tem sua importância pelos sentimentos que é capaz de despertar nos homens. Ela, como obra de arte, teria seu valor reconhecido de acordo com o tipo de sentimento capaz de provocar no indivíduo. E, talvez, esteja aqui a explicação para o que Mário de Andrade chamou de "exclusão do domínio dos sons". Inteiramente diferente da nossa, a música oriental não precisaria passar pelas faculdades do intelecto – conhecimento de harmonia, melodia e ritmo, por exemplo – pois atuaria diretamente na sensibilidade de cada um. Para Confúcio, especificamente, a música (como os outros rituais) é capaz de unir o coração dos homens, levando-os ao caminho da verdadeira sabedoria, ou seja, da evolução humana. No entanto, o "sábio china" também adverte para o perigo que ela, mal empregada, poderia causar: se totalmente nas mãos do povo, sem qualquer influência do Estado, seria capaz de desestruturá-lo por completo. Mário de Andrade voltará ao assunto no ano de 1943, quando da estreia de sua coluna "Mundo Musical", no jornal paulistano *Folha da Manhã*. No artigo "O maior músico", conta a história de um chinês que, na prática, sabia pouca música, mas que se transformou em modelo do maior músico por possuir "canções humaníssimas", ou melhor, devido à sua capacidade de unir verdadeiramente o coração dos homens através do sacrifício e da submissão de sua arte a uma causa maior. Nas palavras de Mário, devido à sua compreensão de que "em certos momentos decisivos da vida, a arte tem que voluntariamente servir". (ANDRADE, M. *Música Final: Mário de Andrade e sua coluna jornalística Mundo Musical*. Ed. anotada, de Jorge Coli; precedida de ensaio. Campinas: Editora da Unicamp, 1998, p. 29-33).

sica. De mais a mais, por maior bem que eu queira ao meu amigo Vila-Lobos, ao meu querido amigo Camargo Guarnieri e outros seres polimelódicos de que tenho a experiência, o músico não deixará jamais de me causar um tal ou qual temor. Às vezes uma séria inquietação.

Já o mundo dos "musicais" é muito mais pacífico, exatamente como entre os corteses de Confúcio. O indivíduo muito musical é exatamente a cortesia da música. É o ser de todas as curiosidades, de todas as esperanças e de todas as compreensões. Até no *facies* se nota a diferença. Todos nós já temos conhecimento de muitos músicos e de muitos musicais, pois reparem: se evocamos um músico, embora todos os músicos desse mundo já muito que tenham rido e sorrido para nós, nós os evocamos sérios. Ao passo que os musicais, estão sempre sorrindo. É o pacifismo, senhores. É a cortesia e a desistência da guerra, do profundo pensamento de Confúcio. Reparem: Beethoven é um músico, Mozart é um musical. E acho que jamais se explicou melhor a diferença entre esses dois batutas.

E se então nos dilatarmos pelo sentido da prestigiosa palavra, e pensarmos que se diz de um riso de criança, que é "musical", e, indo mais longe, que de certas mulatas ou rainhas do nosso peito, dizemos que têm o andar "musical": sejamos todos musicais!

Não se imagine porém que estou em divagações de mera gratuidade, não. Tudo isto me veio de violentas indignações que vêm roncando em mim e agora estão explodem não explodem, por ter eu recebido a excelente edição do *Guarani*, na tradução do poeta Paula Barros.[2] Ora,

---

2   Foram encontrados no acervo de Mário de Andrade exemplares das três edições da tradução d'*O Guarani*, todos com dedicatória de Paula Barros: a) GOMES, Antônio Carlos. *O Guaraní – ópera baile em 4 atos*; versão e adaptação brasileira de C. Paula Barros/ori-

42 Mário de Andrade

além das paciências da idade, me vejo num momento de meu destino e de certos descalabros culturais, em que faço questão de não explodir. Pura questão de cortesia, aliás... Foi isso, foi isso sim, a indignação diante de atos de fatuidade e incompreensões andazes, que me obrigou a repensar o meu Confúcio, readquirir a grave cortesia, e evitar o predomínio do Eu, por meio do "sejamos" todos nós.

Mas quem se recompôs fui eu. Estou mais musical agora. E enquanto as óperas sibilam e gargarejam, seus *addios* e *t'mos* de exóticas linguagem; enquanto os mais chamejantes disfarces verdeamarelizam coisas que, franqueza, nem nacionais precisavam ser (por inócuas); mas é só dar mais um passo e chamaremos de alagoana a Standard Oil e ficaremos todos muito satisfeitos com o petróleo mexicano do Brasil, ora, mas onde é que eu ia com esta frase?[3] Ah!... enquanto se mercadejam más-

---

ginal italiano Antonio Scalvini; Rio de Janeiro, 1937: "Ao fulgido Mario de Andrade –/– com a fervorosa cordialidade de/C. Paula Barros/20/5/37"; b) GOMES, A. Carlos. *O Guaraní – ópera baile em 4 atos;* versão e adapt. brasileiras de C. Paula Barros/orig. italiano Antonio Scalvini. Rio de Janeiro: Imprensa Nacional, 1938: "Com a grande admi –/ração e o sincero/afeto de/C. Paula Barros/30/04/38"; c) GOMES, Antônio Carlos. *O Guaraní – ópera baile em quatro atos inspirada no romance "O Guaraní"* de José de Alencar; versão e adapt. musical de C. Paula Barros, segundo o original italiano de Antonio Scalvini; Rio de Janeiro: Imprensa Nacional, 1938: "A Mário de Andrade –/– com a mais alta e fervorosa/ admiração e a devotada amizade/de/C. Paula Barros./Rio./20 – 5 – 938".

O exemplar da segunda edição merece destaque por ter sido impresso especialmente para Mário de Andrade, incluindo a partitura da ópera.

3   Em 1938, o México, então administrado por Lázaro Cárdenas, nacionalizou as companhias de petróleo americanas e inglesas, após já ter feito o mesmo com as ferrovias de propriedade estrangeira. Ponto culminante de uma aguda disputa entre as companhias petrolíferas e o governo mexicano, tal fato – interpretado como ato de independência econômica – agravou ainda mais a relação política dos Estados Unidos com o país latino-americano.

caras de vários feitios, como escrevi acima, eu, do meu amigo Paula Barros, tenho quase piedade.

É um musical, este Paula Barros. Musical pelos gostos de música, pelo que promete e pela cortesia. Dá-se a trabalhos heroicos, com um carinho, uma inteligência, um sonho dignos de melhor aplicação. Traduz o *Guarani* que se consegue publicar, para que Peri e o chefe dos Aimorés possam cantar em português legítimo.[4] E já tem pronta a tradução do *Escravo*.

Percorro a tradução, ouvindo gargarejar lá fora um "Rigoletto rigolô". Tradução acuradíssima. Textos vulgares a que o nosso poeta, já agora por pura cortesia como o libretista, se esforça por nobilitar. A música foi ritmicamente respeitada com idolatria. Raros os momentos em que discordo da solução nacional, poucos também os que parecem menos felizes.[5] É realmente uma obra de grande valor que não justificará nunca mais um *Guarani* cantado em italiano, por companhias nacionais.

Mas sejamos corteses, amigo Paula Barros. Deixemos que as ambições e as vaidades se realizem em plena paz. Quero dizer: ao deus dará.

MÁRIO DE ANDRADE
Revista do Brasil, 3ª fase, ano 1, nº 2,
agosto 1938, p. 206-208

---

4   Essa tradução d'*O Guarani* foi representada, pela primeira vez, no Teatro Municipal do Rio de Janeiro, na noite de 20/05/1937, em récita de gala. Porém, já havia sido apresentada ao público em 07/05/1935 pelo presidente da Academia Brasileira de Letras, sendo cantada, em oratório, sob a regência de Francisco Braga.

5   Na *Revista do Brasil*: "poucas também os que parecem menos felizes".

Não venham me dizer
que estou tapeando

N ão venham me dizer que estou tapeando, se eu falar de flores numa crônica musical. As artes são essencialmente insondáveis, e por isso improváveis as suas degradações. Se observe, por exemplo, com paciente cortesia e nenhum fachismo, essa frase anterior, que tive a sutileza de escrever. Para o estilista Flaubert, para o não menos respeitável Osório Duque-Estrada (ai, que esplêndida memória eu tenho!...), escrevendo "insondáveis" e "improváveis" bem juntinhamente, terei feito um erro de estilo. Em geral, as assonâncias na prosa são desagradáveis.

Negarei esta norma secular? Jamais neguei nem normas nem decretos seculares, pois sempre tive um forte fraco pelos colecionadores. "Insondáveis" e "improváveis", como norma geral, não podem vir juntinhamente numa frase de prosa boa. Mas é que eu pretendi tirar, nesse momento da minha escritura, um efeito musical com todas as suas consequências fisio e psicológicas.

É pena eu ser tão novidadeiro, apenas um pouco menos que o meu amigo e internacional ledor, o mestre Holanda (Sérgio) (e Buarque). Eis que, com essa confissão do efeito musical pretendido numa frase de prosa, fui revelar todo o íntimo segredo em que estas minhas crônicas são essencialmente musicais.[1] Elas o são em essên-

---

1 Note-se que Mário de Andrade insiste na questão confucionista da musicalidade e da cortesia, dando continuidade ao tema abordado

cia, naquela intransigente medida em que o compositor Jaime, é, sempre foi e sempre será, um dos seres mais musicais que nunca encontrei nesse mundo. Jaime Ovalle, que de pouco mais de um ano para cá vem nos dando uma série de canções e pecinhas para piano de uma notável originalidade e muitas belezas, Jaime Ovalle não é apenas musical quando compõe ou quando canta ao violão, mas em qualquer passo da vida, como funcionário da Alfândega, quando sonha acordado e até quando se queixa de mim por eu não aderir integralmente à estética de que ele deriva as suas obras. Ah, meu queridíssimo Jaime Ovalle, que tão discreta e ingratamente, com tanta musical cortesia, te afastas de mim como um acorde consonante, pois se nunca não pude aderir integralmente à estética nenhuma! Nem mesmo a do despótico e abusivamente conquistador João Sebastião!...

E eis que me surpreendo a compreender porque desde ontem de noite, sem a menor intenção de ter assunto, só me cantava festivamente no peito aquela graciosa frase inicial desta crônica: "Não venham me dizer que estou tapeando, se eu falar de flores numa crônica musical". As flores, todos os bogaris e madressilvas, ca-

---

na crônica anterior. Na verdade, é como se o musicólogo estivesse refletindo em suas obras as desilusões e os conflitos que se agravam desde que se desligou do Departamento de Cultura, vindos principalmente da Segunda Guerra e de suas dificuldades financeiras. Em sua correspondência com Oneyda Alvarenga, Mário expressa o início de uma angústia, "de uma tristeza que não se esclarece (...) de um medo que não se define" que perduram, enfim, até fevereiro de 1945, mês e ano de sua morte: "Noites de angústia tremenda, meu estômago vai se aperta que não posso mais respirar. (...) Ando grosseiro, descontrolado, tenho medo" (ALVARENGA, Oneyda. *Cartas: Mário de Andrade/Oneyda Alvarenga*. São Paulo: Duas Cidades, 1983, p. 138; 166/7).

britos, rosas-chás e mulatinhas, são para o compositor Jaime Ovalle, que fez anos (5 de agosto de 1896).

Homem incomparável... Uma feita, me lembro tanto, passamos a noite inteira bebericando por aí, na Avenida, no Largo do Machado, por fim na Lapa.[2] Eu partia nessa manhã para minha terra e não tínhamos coragem de nos deixar. Já bem de madrugada, quando já purificávamos nossas encantadoras almas num café bem quente, não sei por quê, veio um caso triste, que eu contava olhando baixo para as minhas descaminhadas mãos. De repente olhei para Jaime Ovalle, em busca de perdão para esta vida tão feia, ele chorava, gente! As lágrimas corriam com uma perfeição tão adequada, que jamais senti tamanha perfeição.

Nesse tempo Jaime Ovalle tinha mesmo perfeições incomparáveis. Conversava todos os dias com o anjo da guarda, e eram conversas de que ele vinha tão fisicamente iluminado, que eu tinha inveja em minha baça mortalidade. Mas uma tarde Jaime Ovalle vagueava apressado nas ruas, sofrendo muito, porque desde manhã o anjo da guarda não aparecia. Foi quando os jornaleiros estouraram na cidade: "A Noite! A Noite! Terremoto no Japão!"... Então Jaime Ovalle sorriu com muita cortesia. "Meu anjo foi socorrer os coitadinhos".[3]

---

2 Quando resolve se mudar para o Rio de Janeiro, Mário de Andrade se instala no edifício Minas Gerais, rua Santo Amaro, nº 5, esquina com a rua do Catete, a poucos passos do bairro boêmio da Lapa, como também do Largo do Machado, aqui citados, assim como da Avenida Rio Branco, no início do trajeto que podemos acompanhar. Na redondeza ficava a não menos famosa Taberna da Glória, local de muitas conversas com os rapazes do grupo da *Revista Acadêmica*.

3 Em 1923, o Japão sofreu um dos mais trágicos e violentos terremotos de sua história, que matou cerca de 150 mil pessoas. O relato da premonição de Jaime Ovalle, provável matriz de Mário de Andrade na presente crônica, deve ter sido narrado por Álva-

48 Mário de Andrade

O terrível, meus senhores, o que me amarga a pena até mais não poder, o que me dá vontade de rasgar esta crônica, é termos de reconhecer que, mesmo agora, ainda existem coitadinhos e inocentes nesse Japão...

Pois em seguida Jaime Ovalle foi para Londres, e de lá principiou nos mandando as suas composições, já impressas.[4] São interessantíssimas, há joias incontestáveis no grupo, e é preciso que o Brasil saiba, por escrito, que pode contar com mais um compositor. Hei de lhe estudar as obras algum dia. Por hoje só penso em flores, flores, flores para o meu amigo Jaime Ovalle que fez anos.

MÁRIO DE ANDRADE
Revista do Brasil, 3ª fase, ano 1, n° 3,
setembro 1938, p. 318-319

---

ro Moreira que, anos depois, o incorporará em seu livro: "Os anjinhos japoneses – Eram seis horas da tarde. Saí de um cinema. Ovalle passava, lento, entre a multidão. Tinha o ar de ter ido para muito longe. Caminhei ao lado dele. De repente parou, olhou-me com os olhos molhados: – O caminho do céu está cheio de anjinhos japoneses... – Naquele tempo não havia rádio. Os jornais da manhã seguinte informaram: 'Catástrofe, ao cair da noite, no Japão. Milhares de crianças mortas'." (MOREIRA, Álvaro. *O dia nos olhos*. Rio de Janeiro: Lux, [1955], p. 213).

4   Jaime Ovalle residiu em Londres de 1933 a 1937, em cargo da Fazenda Nacional, período aproveitado para a publicação de parte de sua obra. De lá o compositor enviou a seu amigo musicólogo, então residente no Rio de Janeiro, as peças de opus 1 a 20, por ele conservadas em sua biblioteca: *Zé Reymundo; Caboclinho; Três Cantos Nativos: 1. Unianguripê, 2. Macumbebê, 3. Papae Curumiassú; Modinha e Três pontos de Santo*, para canto e piano; *Aboio; Lembranças de São Leopoldo: 1. Curiatã de Coqueiro, 2. Paquetá; Prelúdio; Cantos Romeiros; Dois Retratos: 1. Manuel Bandeira, 2. Maria do Carmo; Nininha, tema e variações; Álbum de Isolda e Dois Tangos*, para piano; *Ninanatatana*, para piano e coral.

Por uma noite chuvosa

Por uma noite chuvosa, nunca aceitarás sentar naquela frisa importante, que fica sozinha, inassimilável como a palmeira, bem junto ao palco, do lado esquerdo, no salão de concertos da Escola Nacional de Música. Ah, como me senti desamparado!... Pois não bastava o desamparo em que se fica, ouvindo em primeira audição obras novas de um compositor pouco nosso conhecido!... Quem era Radamés Gnattali para mim? (Aliás, digo de passagem: já sei que a *Revista do Brasil* vai aqui escrever bem compridamente "para" com todas as letras. Tenho paciência e aceito. Questão de musicalidade suavíssima e detestadora de quaisquer guerras. Mas saibam os leitores da *Revista do Brasil* que escrevi foi um **p**, um **r** e um **a**. Apenas). Bom, continuemos. Quem era Radamés Gnattali para mim? Apenas um nome de artista, que eu desejava, desejo com toda a força do meu grande coração, seja um forte compositor. Conhecia dele somente obras pequeninas, para solo de piano, gostosas, menos boas que gostosas, talvez, em todo caso sem autoridade ainda para me revelar um muito bom artista.

Foi nestas condições que a tal frisa do lado esquerdo, inassimilável como a palmeira, me encontrou, quando fui ao concerto de peças instrumentais de câmara, de Radamés Gnattali. Uma sonata para violoncelo e piano, um *Poema* para piano e violino, e um trio para esses três mesmos instrumentos. Aliás, mais outra condição pejorativa, peças instrumentais de câmara, o gênero mais difícil de se compor e se entender. Mas os executantes eram ótimos.[1]

E, com efeito, principiei errando tudo.[2] Ouvidos com agrado a sonata e o *Poema*, despertou-se em mim ansiado espírito cronológico e concluí que o Poema era obra mais recente que a sonata. Imaginei mesmo uns dois anos de distância. Mas eram peças do mesmo ano, e o *Poema* nascera primeiro, como nos contou o autor no intervalo. Então redargui que era defeito muito grave esses dos compositores não inscreverem as datas das suas obras nos programas de concertos, e tornei a ficar satisfeito comigo mesmo. Mas também, é por esta suficiência da crítica que eu perdoo imensamente a raiva inimiga que os compositores têm dos críticos em geral.

Um crítico se salva sempre; e uma das maiores e maravilhosas sutilezas do lugar comum é a gente dizer de certos momentos que são "momentos críticos". Reparem que jamais ninguém disse de um momento que nos leva à morte e ao desastre, que se trata de um "momento crítico". Para casos destes existe o "momento fatal", que a oratória brasileira chama de "fatal momento", engravescendo a voz. "Momento crítico" é todo aquele instante

---

1   A 12 de agosto de 1938, no salão da Escola Nacional de Música, foram executadas ainda as seguintes obras de Radamés Gnattali: *Modinha* (versos de Manuel Bandeira); *Poema à Bem Amada* (versos de Jorge de Lima); *Três Poemas de Augusto Meyer* (Violão; Oração da Estrela Boieira; Gaita). Os intérpretes foram: Iberê Gomes Grosso (violoncelo), Romeu Ghypsman (violino), Nair Duarte Nunes (canto) e Radamés Gnattali (piano). (Pmb nº 793, série *Programas Musicais Brasileiros*, Arquivo Mário de Andrade; Instituto de Estudos Brasileiros, Universidade de São Paulo).

2   No texto publicado: "errando todo".

Sejamos todos musicais

perigoso de que a gente se salva na certa. E se até agora não falei nada sobre Radamés Gnattali, meus senhores, deve ser porque estou num momento crítico de minha existência de crítico.[3] Vejamos como vou me salvar.

Radamés Gnattali, não sei que idade tem, mas estará certamente aí pelo começo da casa dos trinta, se é que já chegou nela.[4] Assim pensando, um crítico que se preza jamais o tomará como artista completado e tem a boa saída de afirmar sentenciosamente "ainda não está de posse de todas as qualidades, não as domina, falta-lhe amadurecimento". Outro processo bom de não errar é dizer que as obras não revelam a mesma igualdade de fatura. Tudo isto está sempre certíssimo, em qualquer caso, e sou um mestre nisso. Quantas vezes em cartas e mesmo em altas vozes não terei já dito que o artista "acentua cada vez mais a sua personalidade e maneja com desenvoltura as qualidades que possui"?... Mas como não digo quais as qualidades nem qual a personalidade acerto sempre, mesmo sem ter ouvido a música.

Mas agora estou querendo dizer algumas coisas minhas sobre Radamés Gnattali, e hesito. Parece que todas as frases críticas deste mundo se nublam no envenenamento dos chavões. Enfim... Uma verdade se impôs por todo o concerto: o caráter nacional, em Radamés Gnattali, ainda briga com a música. O artista divaga quando quer se exprimir, acima do indivíduo, como representante de uma raça. A temática de caráter (último

3   Além de colaborar, a partir de agosto de 1938, na *Revista do Brasil*, Mário de Andrade escreve para o *Estado de S. Paulo* e responde, até meados de 1940, pela coluna de crítica "Vida Literária" no *Diário de Notícias* do Rio de Janeiro.

4   Nascido em 27 de janeiro de 1906, Radamés Gnattali conta, em outubro de 1938, 32 anos de idade.

tempo da *Sonata*), a recomposição de temas populares (como pelo menos o do *Papae Curumiassú*, no trio), certas polifonias inspiradas nos processos nacionais de acompanhar, elementos como estes perdem justamente o que teriam de mais essencial, como caráter autóctone, pela maneira com que são tratados. É incontestável que, nessa adaptação do nacional ao europeu, Radamés Gnattali ainda não alcançou a pacificação de elementos tão díspares.[5]

Em compensação, as qualidades pessoais do compositor são numerosas, e desta vez digo as que achei. Em primeiro lugar me agradou muito a atitude do artista em relação à obra-de-arte. Radamés Gnattali é desses bastante raros que respeitam com amor os trabalhos que fazem. O próprio programa indicava: a severidade aguda de peças instrumentais de câmara. Mas isso ainda é pouco. Na realidade, o artista me pareceu não fazer nenhuma concessão desonesta, nem sequer para tornar mais amável a obra-de-arte amada. Radamés Gnattali possui excelente invenção melódica, de caráter expansivo, que o artista controla creio que impecavelmente. Ser-lhe-ia fácil dourar de alguma banalidade aplaudível, gênero tão recôndito de música. Radamés Gnattali não o faz, nem mesmo na lírica, que me pareceu aliás

---

5   Mário de Andrade voltará a tratar da obra do compositor em seus artigos "Música nacional", de 12 de fevereiro de 1939 e em "Distanciamentos e aproximações", de 10 de maio de 1942, que serão por ele selecionados para o livro *Música, doce música*. Em "Música nacional", ao contrário do que escreve aqui, parece já reconhecer todo o talento e toda a "habilidade orquestral" de Gnattali, valorizando-o, definitivamente, três anos depois, ao afirmar que sua obra possui uma lição profundamente humana graças à "sadia e harmônica fusão social entre a arte erudita e o povo". (ANDRADE, Mário de. "Distanciamentos e aproximações". In: *Música, doce música*. São Paulo: Martins, 1963, p. 364).

menos feliz como invenção. Em todo caso, achei ótima a ambientação da peça central dos três poemas de Augusto Meyer, e a terceira muito gostosa, habilmente tratada no desenvolvimento.[6]

De todo o programa, o que me pareceu melhor foi o trio recente. A apresentação temática é de uma felicidade admirável, valendo os temas aqui, não só por sua entidade intrínseca (melodia, ritmo), mas por crescidos de interesse, postos em luz, por efeitos instrumentais muito curiosos e eficazes. Também o tratamento do piano progride bem sobre as outras peças, mais desligado, de uma excelente liberdade polifônica. Enfim, uma obra que a gente deseja com toda a alma ouvir mais vezes.

E este foi o Radamés Gnattali que pude encontrar, eu em péssimas condições auditivas, valorizado numa frisa maior que as minhas ambições, desambientado, por uma noite chuvosa.

MÁRIO DE ANDRADE
Revista do Brasil, 3ª fase, ano 1, nº 4,
outubro 1938, p. 426-428

---

6   O musicólogo refere-se à peça *Três poemas de Augusto Meyer: Violão; Oração da Estrela Boieira; Gaita,* do programa musical.

O correio, suculento de invejas

O correio, suculento de invejas, me traz semanalmente os programas dos concertos fonográficos que realiza, em São Paulo, a Discoteca Pública do Departamento de Cultura... Não há um dó--de-peito. São sempre obras importantes, na sua maioria difíceis de serem executadas entre nós. E sempre em execuções magníficas, pelos melhores artistas, melhores orquestras e melhores conjuntos musicais do nosso tempo. O concerto de 5 de setembro passado, por exemplo, apresentou a *Suíte em si menor,* de João Sebastião Bach, para flauta e cordas, dirigida por Mengelberg, e em seguida o *Concerto em mi bemol*, de Beethoven, com a Filarmônica de Londres e Schnabel ao piano.[1] No de 28 de setembro, também pegado ao acaso, foram recordes de órgão com peças de Frescobaldi, Buxtehude e Bach, terminando com a *Sinfonia em ré menor*, de César Franck. Só mais um exemplo? A 21 de setembro, peças orques-

---

1   Willem Mengelberg (28/03/1871 – 22/03/1951), regente holandês famoso como intérprete de Mahler e Strauss. Apesar de meticuloso e disciplinado, costumava tratar com liberdade as indicações dos compositores.
Artur Schnabel (17/04/1882 – 15/08/1951), pianista e compositor austríaco, naturalizado americano. Desde sua estreia, em 1890, fugiu do repertório habitual dos virtuoses, concentrando-se na música de maior valor intelectual. Compôs sinfonias e quartetos de cordas.

trais de Fauré e D'Indy, com uma parte central de canções de Duparc.

Além desses concertos, de divertimento (como se diverte nas alturas, em S. Paulo), a Discoteca ainda realiza, com muita frequência, conferências-concertos, creio que uma de 15 em 15 dias, tão boas como o que melhor possa haver no gênero. E todos esses concertos são cobertos de público. O vasto salão do Trocadero, e até mesmo a sua galeria superior, viram uma tapeçaria de cabecinhas atentas.[2]

— É, se nós tivéssemos uma Discoteca Pública, também havíamos de realizar concertos interessantes e com público.

— Não tem dúvida. O importante é justamente isso de não termos ainda aqui no Rio, uma Discoteca Pública. De resto, se a própria Biblioteca Nacional é um organismo maltratadíssimo, que vive aos trancos;

---

2   As "conferências-concertos" às quais o autor se refere foram realizadas de julho de 1938 a junho de 1958, com coordenação de Oneyda Alvarenga, diretora da instituição. Entre 1938 e 1940, houve trinta e nove concertos, sempre muito bem recebidos pelo público – consequência do trabalho dedicado da musicóloga e do apoio incansável de Mário de Andrade. A correspondência de ambos testemunha esse trabalho. Oneyda, por exemplo, relata: "Aí lhe mando 'Mozart' e 'Palestrina', 3ª e 4ª palestras, para que você me dê sua opinião. A primeira, Bach, foi muito bem aceita. O salão estava cheio. Hoje teremos o 1º concerto, com o 'Sacre' ('du Printemps') e a 'Symphonie des Psaumes' de Stravínsqui." (ALVARENGA, O. *Cartas: Oneyda Alvarenga/Mário de Andrade*. São Paulo: Duas Cidades, 1983, p. 137). Para maiores detalhes a respeito, consultar o trabalho de Valquíria Maroti Carozze, Oneyda Alvarenga: da poesia ao mosaico das audições. [no prelo, Ed. Alameda].

Na *Revista do Brasil*, Mário escreve não ter havido nenhum "dó--de-peito", referindo-se à completa explosão da música lírica nos programas da Discoteca. Isso nos confirma, na prática, o esforço de ambos para tentar diminuir, consideravelmente, o número de óperas da programação musical da época, incentivando, assim, a população a ouvir outros gêneros de música.

Sejamos todos musicais

como supor-se nesta nossa capital da República, uma biblioteca de... discos!

Eu não acho, francamente, que se faça aqui, música inferior a de São Paulo. Os artistas não são piores que os de lá, e também os temos de altíssima seriedade. A orquestra carioca, embora inferior como qualidade sonora, é mais maleável, mais sensível aos desejos do regente, que a de São Paulo, me confia alguém que tem direito de falar.[3]

Mas a orientação da música pública que se faz no Rio, e a sua qualidade é incomparavelmente inferior a de São Paulo. Aqui no Rio, nós estamos ainda no regime do solista. Quanto à orquestra, embora tenhamos orquestra oficial, ao passo que São Paulo só possui orquestra oficializada, ela produz um mínimo sinfônico, franqueza: indigno de uma cidade de segunda ordem. Em compensação (diga isso cantando...) já tivemos uma temporada de ópera intituladamente "nacional", já tivemos uma outra temporada de ópera estrangeira, e já se anuncia uma segunda temporada de ópera intituladamente "nacional" neste ano comemorativo do cinquentenário da libertação da Africana.[4]

---

3   Provavelmente, Francisco Mignone – que trabalhava como regente de concerto tanto no Rio de Janeiro como em São Paulo. Em 1932, o compositor é convidado por Sá Pereira para dar aulas de regência na Escola Nacional de Música da capital carioca e, em 1939, participa das gravações dos discos para a Feira Mundial de Nova York, realizadas com a Orquestra do Sindicato Musical do Rio de Janeiro. A orquestra, iniciativa do comissariado do Brasil na Feira, foi assim nomeada devido à inexistência de uma orquestra municipal na cidade; entretanto, na *Revista Brasileira de Música*, é conhecida como Orquestra do Centro Musical do Rio de Janeiro (vol. 6, 1939, p. 165).
    A respeito das obras gravadas em discos para a Feira Mundial de Nova York, ver crônica "Entra um turco, irlandês ou peruano".

4   A "segunda temporada de ópera nacional", referida por Mário, corresponde à grande temporada lírica, com espetáculos franceses e

Não há dúvida alguma que isso é ópera demais, gente, em principal se considerarmos que a própria baía de Guanabara já é uma ópera. Eis uma comparação que precisa ser defendida das suas aparências de defeituosos. Na realidade, diríamos todos, com maior senso comum, que a baía de Guanabara é um cenário de ópera, e todos cairíamos de acordo. Mas se atentardes com maior lealdade para este maravilhoso conjunto de céus, terras e mares, haveis de concertar comigo que a baía de Guanabara é uma ópera em cinco atos. Por que cinco atos? Francamente, sem forçar as decências da metáfora, não terei por onde provar a existência incontestável dos cinco atos. Cinco atos, na comparação, está para indicar o gênero da ópera em questão. Com efeito, não se trata de uma ópera bufa, nem de um drama lírico. Trata-se exatamente de um melodrama do tipo da "grande ópera histórica", gênero Meyerbeer. E isso basta para verificar a existência de cinco atos indiscutíveis.[5] E que seja ópera mesmo, e

---

italianos, que vigorou de julho a setembro de 1939, com direção de Louis Masson.

5   Muito admirado por seu cuidado com os detalhes históricos e com o conteúdo social de suas obras, o compositor alemão Giacomo Meyerbeer (05/09/1791 – 02/05/1864) conquistou Paris em 1831 com a ópera em cinco atos *Robert le diable*. Idealizador de grandes cenários e de longas passagens de canto solo muito complexas, ficou também conhecido pelas invenções melódicas nas cenas de balé e pela valorização do potencial dos artistas. Daí decorre a metáfora do cronista. O Rio de Janeiro como um melodrama com "os dós-de--peito de um Pão de Açúcar ou de um Corcovado".

A baía de Guanabara representa para Mário o desvario, a cidade solta, livre – tema que inspirara, dias antes, os versos de *Cantadas*: "Meus olhos, minhas sevícias,/Minha alma sem resistências,/A Guanabara te entregas/Sem Deus, sem teorias poéticas.../Os aviões saltam dos trilhos,/Perfuram morros, ardências,/Delícias, vícios, notícias...//". (ANDRADE, Mário de. *Poesias completas*. 3ª ed. São Paulo: Martins; Brasília: Instituto Nacional do Livro, 1972, p. 256/7).

não drama lírico, aí estão as árias de uma Paquetá e de um Botafogo, aí estão os dós-de-peito de um Pão de Açúcar ou de um Corcovado; aí estão as grandes cenas de conjunto de uma praça Paris, de uma Copacabana ou de uma Gávea, para provar. Pois se nem falta sequer o vasto conjunto coral dos Órgãos[6], no fundo, para que o pano caia sobre um fortíssimo de mil e uma firmatas!

O Rio de Janeiro é uma ópera, basta de ópera. Ninguém quer ópera? Guarde-se a ópera. Talvez então a orquestra do Rio nos possa dar mais concertos. E não teremos então quatro ou cinco concertos sinfônicos por ano, quando em São Paulo, só o Departamento de Cultura terá quatorze em 1938, a Cultura Artística terá os dela, e agora, a Sociedade Filarmônica, recentemente fundada, pretende dar (e já está realizando o seu programa) sete ou oito, em cada temporada de ano.

Aqui chegou o instante adequado desta crônica para afirmar que, se o Rio de Janeiro é uma ópera, São Paulo é uma sinfonia. Infelizmente não posso mais perder meu tempo com imagens, tanto mais que em São Paulo há um Trio S.Paulo, um Quarteto Haydn, um Coral Paulistano e um Coral Popular, além de outros corais compostos de estrangeiros. E esses conjuntos se reúnem para proporcionar mensalmente aos paulistas, concertos de música de câmera...

A diferença é por demais violenta, apesar da nobre elevação de nível dos últimos concertos promovidos pela Escola Nacional de Música, e isso me entristece cariocamente. Os solistas dominam, são a ração quotidiana da nossa música, com sua perigosa arte, cheia de dós-

---

6   Mário de Andrade refere-se à serra dos Órgãos, situada entre as cidades de Teresópolis e Nova Friburgo, no estado do Rio de Janeiro.

-de-peito e de cadências. O individualismo arrasa a nossa castidade racial. O individualismo deseduca o nosso povo, no entanto, bem mais nacional que o paulista. Mas em São Paulo a música caminha no sentido de formar uma consciência coletiva. Aqui, os próprios corais de professores das escolas do Distrito Federal, de enorme benemerência, terminam justo quando os seus cantores iriam entrar na idade do homem...[7]

MÁRIO DE ANDRADE
Revista do Brasil, 3ª fase, ano 1, n° 5,
novembro 1938, p. 543-545

---

7   Pela primeira vez, desde sua estreia na *Revista do Brasil,* o cronista alude ao virtuosismo. A questão, sempre presente para o musicólogo, norteará seus próximos textos na revista refletindo não só a continuidade de temas caros como – e principalmente – a maturidade com que o assunto é tratado. Mário dedica, muitas vezes, crônicas inteiras ao tema; sempre, é claro, referindo-se a fatos musicais relevantes para seu pensar. É o caso, por exemplo, da apresentação do pianista Simon Barer. (Ver crônica "Com a abertura deste mascarado inverno carioca")

Por certo que hoje o meu assunto não será Beethoven nem Berlioz

Por certo que hoje o meu assunto não será Beethoven nem Berlioz. Primeiro imaginei que se tratava de Couperin, exatamente de François Couperin, Le Grand, que o resto da família não conheço bem nem me interessa muito. Depois vi logo que a graça, a delicadeza, a boa educação um pouco inquietante, quase amaneirada do grande francês, podiam se acomodar bem com as surdas inquietações que são neste momento objeto das minhas melhores cóleras. "Busquemos os Italianos" disse de mim para comigo, os italianos são mais francos, mais leais diante da vida. Vou falar de Zipoli, esse grande e tão desleixado Zipoli.[1]

O fato ocorreu naturalmente com um amigo bastante íntimo, com quem já me são permitidas todas as franquezas deste cérebro fatigado e já sem muitas ilusões. Convidou-me ele para tomarmos um café, sentamos, e eis que o meu amigo íntimo, gentilmente, com toda a aparência de cortesia, põe-se a derramar açúcar e demais açúcares na minha xícara. Ah, explodi!

---

1   Domenico Zipoli (Prato, Itália, 15-16 (?)/10/1688 – Santa Catalina, Argentina, 02/01/1726): compositor italiano, herdeiro da técnica organística de Frescobaldi. No momento mais alto de sua produção musical, isto é, em 1716, assumiu sua vocação religiosa entrando, assim, para a Companhia de Jesus de Sevilha.

— Ora, não ponha açúcar na minha xícara, Murilo. (Fica entendido que para os efeitos desta crônica, o meu amigo íntimo chamava-se Murilo). Pois você não sabe que isso é falta de educação?[2]

Ele abriu aqueles seus largos olhos, muito horizontais, bastante parecidos àquelas linhas entregues, de uma limpidez fácil, de certas tocatas de Zipoli:

— É? Não sabia não.

— Mas está claro que é uma enorme falta de educação, Murilo! Todos ficam inquietos, você não sabe exatamente quanto açúcar pôr, fica hesitante, temendo exagerar a dose. Eu então fico inquietíssimo, porque se a quantidade não for justa, o café se estraga completamente. Inda mais se tratando desse café que se bebe no Rio, duro, duríssimo. Não tem dúvida que Zipoli tem certas durezas de movimentação das harmonias, mas aqui, são durezas cheias de caráter, que o situam bem no limiar do século XVIII. A diferença é enorme.[3]

---

2   Trata-se, provavelmente, de Murilo Miranda, estudante de Direito, um dos fundadores da *Revista Acadêmica*, a quem Mário de Andrade se liga de amizade durante o tempo em que reside no Rio de Janeiro. O advérbio "já" descarta a possibilidade de outros Murilos terem dado base a este interlocutor, personagem neste diálogo de ficção com o sentido didascálico que a crônica pôde abrigar. Murilo Mendes, o grande poeta, era amigo antigo e Murilo Rubião residia em Belo Horizonte. A correspondência de Mário de Andrade e Murilo Miranda possui forte caráter confessional, sendo também bastante descontraída. (Ver nota nº 2 da crônica "Não venham me dizer que estou tapeando").

3   Em carta a Prudente de Moraes, neto, datada de 20/01/33, Mário de Andrade explica seu uso da expressão "cheias de caráter": temas, arabescos melódicos que percebemos essenciais às composições. Enfim, o que os franceses denominam "remplis de caractère". (TONI, Flávia Camargo. *Mário de Andrade e Villa-Lobos/pesquisa e texto Flávia Camargo Toni*. São Paulo: Centro Cultural São Paulo, 1987).

Sejamos todos musicais

E essa não é a única descortesia que você e outros amigos meus aqui do Rio costumam praticar. Outra que é um verdadeiro absurdo, é vocês se meterem acendendo cigarro da gente em plena rua! (Aqui, os olhos do meu amigo íntimo ficaram exatamente idênticos àquela *Tocata* em ré menor, em que Zipoli é um verdadeiro assombro de franqueza e luminosidade generosa. Já um verdadeiro Scarlatti, que fosse um bocado tímido.[4] De pena, resolvi amaciar minha irritação). Você há de concordar comigo que isso é uma verdadeira indelicadeza. O fósforo apaga. Os dois seres esperam, se inquietam, se exasperam, ficam malacomodados... A vida é Zipoli, Murilo, a vida é Zipoli! É Scarlatti! São os italianos! Couperin le Grand, quando muito aceitarei seja uma vidinha, essa vidinha de estufa, cheia dos mais estapafúrdios convencionalismos[5], dos resguardados salões da inatingível e altíssima aristocracia, fiche!

Você, sempre Murilo, me põe fogo no nariz, me põe açúcar demasiado no café, segura a minha capa,

---

4   Mário de Andrade escreverá sobre Scarlatti em seu rodapé "Mundo Musical" da *Folha da Manhã*, em 29 de julho de 1943, e terá um texto reproduzido na *Revista Brasileira de Música*, número comemorativo de seus 50 anos, completados em outubro de 1944. O artigo repete o assunto tratado ao longo das 22 crônicas escritas para a *Revista do Brasil:* o autor insiste no verdadeiro papel da arte, ou seja, servir e tornar-se livre, "independente dos ritos das Escolas da época", para ser simplesmente humana. Assim Mário de Andrade compreende a música de Scarlatti: "A sua liberdade contrapontística é deliciosa, um desprezo sorridente pelas vozes obrigadas. (...) Ele finge ignorar esse preguiçoso baixo de Alberti em que mesmo Haydn e Mozart, Deus me perdoe, sossobraram. Em vez, é inesgotável a riqueza com que também busca quebrar os acordes, sem cair naquele arpejamento sistemático de que Couperin acusava os italianos". (ANDRADE, M. Scarlatti. COLI, J. *Música Final: Mário de Andrade e sua coluna jornalística Mundo Musical*. São Paulo: Editora da Unicamp, 1998, p. 72).

5   No texto da *Revista:* "cheia da mais estapafúrdios convencionalismos".

me obrigando a andar descobrindo um quarto de hora, onde estão lá trás as cavernas onde meter os braços, enfim: você me dificulta a vida, você não é meu amigo não, Murilo, você nunca foi meu amigo! (E os meus olhos se enobreceram de lágrimas).

Zipoli não. Aquele seu aproveitamento das escalas como base temática, a sua agógica que jamais atinge as virtuosidades solares do sublime Domenico Scarlatti, aquele como que pudor de rítmica, também encontrável nas peças para teclado do seu contemporâneo Durante Francesco, tudo em Zipoli é de uma grave, delicada e humana comodidade.[6] Teve um alemão que também conseguiu, nas suas peças para piano, dar com frequência, esse valor da comodidade, foi Brahms. Mas o cômodo em Brahms é de portas adentro, se restringe mais facilmente a um cheirinho de lar, com mães lácteas e crianças disponíveis. Com Zipoli a comodidade é mais geral, social, sai na rua, entra nas casas, não acende cigarro de ninguém ao vento. Positivamente eu ainda acabo arrebentando com essas maneiras incômodas de aparente cortesia. Reparem que sempre, quando tenho de passar por uma porta com outras pessoas, passo na frente.

Achei muito fino o caso de um presidente de Estado, em São Paulo, que nessa maluca boa-educação de saber quem passa na frente diante de uma porta, não he-

---

6   Em sua biblioteca, o musicólogo lê sobre Domenico Zipoli na seguinte obra: AYESTARÁN, Lauro. *Domenico Zipoli, el gran compositor y organista romano del 1700 en el rio de La Plata*. Montevidéu: Imprensa Uruguaya, 1941.

Discípulo refinado da Escola Romana, as obras do compositor não têm os excessos ornamentais típicos da Escola de Domenico Scarlatti – a Napolitana – suas composições são livres, com melodias muito bem articuladas, verdadeiras obras-primas da arte do contraponto.

sitou ao gesto que lhe fazia o roxo bispo: "Obedeço" ele disse. E escoou que nem os alegros de Zipoli.

Neste ponto do nosso entretenimento, contou-me o meu amigo íntimo, que em caso idêntico, o rei Alberto ficara danado da vida quando, ao seu gesto de ordem, o presidente do Brasil (República Velha) insistira com o rei para que passasse primeiro. Rei manda, mas geralmente vem atrás, como um definitivo acorde de tônica. Isso, ainda, me agrada muito em Zipoli: uma como que evasividade tonal, bem de acordo conosco, eminentemente destruidora das tônicas reais. E das túnicas reais.

O café estava bebido e pago. Ao sairmos, preocupado com estas inquietações, fiz parte ao meu amigo íntimo de que escreveria um artigo, o mais breve possível, propondo fizesse parte das faltas de educação, acender cigarro alheio na rua e pôr açúcar no café dos outros. Ao que o meu amigo obtemperou não ficar bem a um que se tem por literato, escrever sobre apenas bons costumes. Tornei a me irritar com os preconceitos do meu amigo:

— Não fica bem! Como que não fica bem!... Pois lhe garanto que direi tudo isso na minha próxima crônica musical. Não falarei sobre Beethoven, mas falarei sobre Couperin le Grand.

E essa é a razão porque aqui estou vos entretendo de Zipoli.

MÁRIO DE ANDRADE
Revista do Brasil, 3ª fase, ano 1, nº 6,
dezembro 1938, p. 653-655

Os concertos de Backhaus

Os concertos de Backhaus causaram em nossa elite social, este ano, uma impressão muito medíocre. Houve quase um esboço de repúdio, que só não se deu por... meu Deus! Por uma consciência de cultura, que bem nos fazia perceber (sem apreciar) a elevação artística do célebre virtuose. Mas é que as agitações sociais que nos têm perturbado tanto estes últimos anos, começam finalmente a produzir os seus efeitos nos meios geralmente tão gratuitos, tão diletantes das nossas elites sonoras. Ainda vagueiam por estas plagas copacabânicas, é certo, vários últimos helenos citariatas, muito áticos e indiferentes aos fachismos e ao caso da Itabira. Mas na realidade nós não estamos mais suficientemente azuis, desculpem, para aceitarmos o eliseu equilíbrio de um Backhaus.[1]

---

1 Wilhelm Backhaus (26/03/1884 – 05/07/1969), pianista alemão conhecido por sua técnica transparente, de "puro cristal", como dirá Andrade Murici ou, nas palavras de Mário, esse Backhaus de "eliseu equilíbrio". O Brasil, após o acordo estratégico-militar realizado com os Estados Unidos, pelo qual nosso país aderia ao bloco dos aliados na II Guerra Mundial, garantindo-lhes o fornecimento de matérias-primas e perante a concessão à instalação de bases no Nordeste, pôde resolver seus problemas de ordem siderúrgica com a cessão, pela Inglaterra, da Itabira Iron Ore Company. Obteve, assim, o financiamento para estradas de ferro e para a mineração do vale do rio Doce. Eis, portanto, o motivo do cronista abordar a figura de Backhaus, mostrando a dificuldade de superar as contingências da guerra (*Enciclopédia Britannica do Brasil.* Rio de Janeiro/

Andrade Murici bem percebeu o fenômeno e num par de magistrais artigos tentou levar o público à compreensão do grande intérprete. Escreveu por certo uma das mais seguras páginas de análise psicológica do fenômeno musical que já li. Mas não são as coisas certas ditas pelo *Jornal do Commercio,* que desejo comentar, mas um passo que, embora longe de estar errado, me parece ao meu ceticismo, mais tragicamente interrogativo.

É aquele que o escritor intitulou "Ecletismo e Razão".[2] Para Andrade Murici, a "razão não pode ser eclética. A verdade só pode ser uma, dentro da diversidade vertiginosa das aparências". Mas logo o crítico vai distinguir que a verdade da arte vive justamente dessas aparências e que é, pois, através dessa diversidade que a arte atinge a verdade una e única. "O artista criador não pode ser eclético, porque para ele só pode haver uma verdade: a da sua arte", a verdade que rege a obra em via de criação.

Andrade Murici continua ainda em comentários sobre a necessidade de ecletismo para o intérprete e para o ouvinte, que, não fosse a exiguidade da minha crônica, citaria por inteiro. São excelentes. Mas o que me deixou muito pensativo é o trecho que expus. Expus quase que apenas citando as próprias palavras do crítico e por isso

---

São Paulo: Cia. Melhoramentos de São Paulo, 1976, n° 4, p. 1579-1581.

2   Mário de Andrade refere-se a seu conjunto de artigos "Temperamento e interpretação", publicado inicialmente na *Revista Brasileira de Música,* o qual, em virtude do alto interesse que despertou, foi repetido no *Jornal do Commercio,* em data ignorada pela pesquisa (*Revista Brasileira de Música,* Rio de Janeiro, Imprensa Nacional, 4° fascículo, vol. VII, 1940-41).

tenho a certeza de que não traí. Mas não o terei traído na minha compreensão dessas frases fortes?...[3]

Dois pontos principais entrevejo no que expus. Há uma verdade una e única também para a arte, e o criador que for eclético não é sincero e estará fatalmente fugindo à verdade da arte, ou melhor, num ou noutro momento do seu ecletismo estará conscientemente fazendo arte

---

3 O musicólogo alude ao trecho "Ecletismo e Razão" do qual destacamos:

"A razão não pode ser eclética. A verdade só pode ser uma, dentro da diversidade vertiginosa das aparências.

"A verdade de arte, porém, vive dessas aparências. Através dessa diversidade, a arte atinge a verdade una e única.

"O artista criador não pode ser eclético, porque, para ele, só pode haver uma verdade: a da sua arte, a que rege a obra em vias de criação.

"O artista intérprete precisa ser plástico, sensível e compreensivo, porque, no seu caso fundamentalmente entram em jogo a sua sensibilidade, o seu sentimento (sensibilidade unida ao conceito, ao hábito, à tradição), o seu temperamento, o temperamento do criador, e mais: a força de razão deste, a faculdade ativa de escolha que caracteriza a criação artística.

"O ouvinte, esse, poderá ou não ser eclético. Unilateral, no seu sentimento artístico, terá talvez vivo prazer. Só, porém, quando estiver em presença da obra de arte ou da interpretação inteiramente afins com o seu próprio modo de ser. Há, na sua atitude passiva, no seu ato de receber, uma incontestável e indispensável sinceridade.

"Há, porém, também, verdadeira pobreza, limitação, pobresa que ele não sente, limitação que não o faz sofrer.

"O ouvinte que só gosta da *Serenata*, de Toselli ou da *Tosca*, de Puccini, não imagina que perde um universo inteiro não sendo capaz de entender o Tristão e Isolda ou uma cantata de João Sebastião Bach. Se lh'o afirmarmos, ele não mostrará interesse por tantos tesouros encerrados em subterrâneo, e para ele indevassável jardim de Aladin. Irritar-se-á, como se alguém dissesse a um músico que não viveria plena vida musical se não conhecesse perfeitamente as leis que regem a Radioatividade ou as disposições do Direito Romano.

"No caso do ouvinte, porém (e há tantos ouvintes diferentes como há homens), essa limitação pode ser superada pela razão, pela educação, pelo convívio com espíritos esclarecidos e de gosto aperfeiçoado." (MURICI, Andrade. "Temperamento e interpretação". *Revista Brasileira de Música*, Rio de Janeiro, Imprensa Nacional, 4º fascículo, vol. 7, 1940/41.

mentirosa. Arte falsa? Não sei se até aí chega o pensamento de Andrade Murici, mas essa arte está certamente indo de encontro à verdade da arte.

Deus me livre negar a força harmoniosa e convidativa do pensamento esposado por Andrade Murici, mas quando vou para aceitar o que ele disse, principiam passando pela minha frente alguns dos maiores criadores contempôraneos. E vem Stravinsky com o *Sacre* e com o *Apolo*; e vem Picasso com um quadro cubista num braço e um desenhado à Ingres no outro braço; e vem Portinari com um retrato, um afresco e um cubismo... Rivera, então, num quadro de cavalete terá sempre o fato plástico como a verdade da pintura, e no afresco só compreenderá como verdade plástica o assunto político de combate. Duas verdades para a pintura? Andrade Murici não deixou de observar muito finamente que o artista pode trocar de sinceridade e um tempo acreditar numa verdade da arte, e outro tempo noutra, quando diz que a verdade é a que "rege a obra em vias de criação". Assim, está bem explicado que um artista pode perfeitamente fazer seguir a uma fase cubista, outra de desenhos à Ingres, e hoje pode só achar verdade em Bach e noutro tempo só até em Tschaikovsky, como Stravinsky teve a coragem de afirmar.[4]

---

4   De forma análoga ao que diz nesse parágrafo, em *Introdução à estética musical* (p. 5), Mário de Andrade, professor no conservatório, não hesita em afirmar que os estados estéticos dependem do nosso eu subjetivo e são, portanto, de natureza mutável e transitória: "A criação artística é uma realização de ideal que ultrapassa os dados concretos e o domínio físico das coisas. Na evolução estética do homem a gente vê o ideal se transformar e mudar não só pela influência histórica da época e do meio como do indivíduo também" (ANDRADE, Mário de. *Introdução à estética musical*. Pesquisa, estabelecimento de texto, introdução e notas de Flávia Camargo Toni. São Paulo: Hucitec, 1995).

Mas o trágico é que os artistas contemporâneos, justamente esses maiores que enumerei, ou têm concomitantemente duas verdades como Rivera, ou não admitem o menor compromisso com essa história de frases evolutivas. E muito menos com a evolução no sentido ascensional, para o mais verdadeiro. Se Picasso, neste dia da graça de 2 de dezembro de 1938, se colocar diante de uma tela ainda virgem, não poderei absolutamente afirmar se vai pintar cubismo ou sobrerrealismo. Portinari, no entremeio dos afrescos que está fazendo para o Ministério da Educação, compôs recentemente uma série estupenda de quadros cubistas.[5]

---

5   A propósito dos afrescos do Ministério da Educação, no manuscrito em que Mário de Andrade se ocupa da obra de Portinari está: "Artesanalismo/Estudo para o Ministério/Com elementos plásticos/ sem originalidade, con-/vencionais, acadêmicos, ele/cria figuras duma força/tão convincente, que o re-/metem aos tempos em/que esses elementos eram/criados com os grandes/renascentes italianos. Porti-/nari como que os reiventa/de tal forma utiliza desses/ elementos plásticos, e os/impõe.//" (Manuscrito Mário de Andrade – Portinari/Arquivo MA, IEB/USP).

Não há dúvidas de que o pintor brasileiro, ao longo de sua obra, provocava reações diversas no meio artístico do país. Sua versatilidade, como aponta Ruben Navarra, foi, para alguns, sinônimo de "suprema prova de talento" e, para outros, apenas "sintoma de insegurança e fraqueza" (NAVARRA, Ruben. "Casuística sobre Portinari", *Diário de Notícias*, Rio de Janeiro, 18 de julho 1943).

Entretanto, para Andrade Murici ele é um "inquieto", visto que não pode ser eclético: "(...) o que vemos é um espírito voluntarioso, que sabe discernir o que lhe convém naquele momento, e que não procura nem continuidade nem coerência. É um eclético, dizem. Os maiores artistas desta hora parecem sê-lo também: Strawinsky, Picasso. O fenômeno talvez se chame 'inquietação' e não ecletismo" (MURICI, Andrade. "Técnica e sensibilidade de Portinari". *Revista Acadêmica*, nº 48, fevereiro, 1940). Obedecemos aqui a grafia de Andrade Murici para o nome do compositor russo Strawinsky.

Mário de Andrade, por sua vez, como se continuasse a interrogar as afirmações do amigo um ano depois, é categórico: "Cândido Portinari é um infatigável experimentador. Não é preciso lhe conhecer a vida, basta seguir-lhe a obra em seus diversos estágios e manifesta-

72 Mário de Andrade

Há um passo de Jacques Maritain que talvez nos venha auxiliar nestas inquietações, aquela luminosa nota n.º 90 que ele deixou escorrer nas páginas severamente sistemáticas de *Art et Scolastique*. É a que diz que o filósofo e o crítico, para julgar o artista, devem sempre considerar como radicalmente insuficientes as ideias de erro ou verdade, com que poderão, no entanto, julgar da verdade estética desta ou daquela orientação artística. "Um filósofo, diz Maritain, se o seu sistema é falso, não é nada, pois não poderá dizer verdade, senão por acaso; mas um artista, se o seu sistema é falso, pode sempre ser alguma coisa e até alguma coisa formidável, porque pode fazer beleza, apesar do seu sistema, e a despeito da inferioridade da forma de arte em que se colocou."[6]

ções transitórias para verificar que esse experimentalismo ansioso de verdades, é o mais significativo traço psicológico do artista. (...) Para ele não tem o menor interesse a originalidade só pelo gosto de ser original. Antes, o inquieta sempre qualquer lição alheia, porque pode sempre haver nela uma partícula que seja, da verdade" (ANDRADE, M. "Cândido Portinari". *Revista Acadêmica*, nº 48, Rio de Janeiro, fevereiro, 1940).

6   "Il suit de là que le philosophe et le critique peuvent bien et doivent bien juger de la valeur des écoles artistiques, comme de la vérité ou de la fausseté, de l'influence bonne ou mauvaise de leurs principes; mais que pour juger l'artiste ou le poète lui-même ces considérations sont radicalement insuffisantes: la chose qu'ici il importe avant tout de discerner, c'est si l'on a affaire à un artiste, à un poète, à un homme qui possède vraiment la vertu d'Art, vertu pratique et opérative, non spéculative. Un philosophe, si son système est faux, n'est rien, car alors il ne peut pas dire vrai, sinon par accident; un artiste, si son système est faux, peut être quelque chose, et quelque chose de grand, car il peut créer beau malgré son système, et en dépit de l'inferiorité de la forme d'art où il se tient. Au point de vue de l'ouvre faite, il y a plus de vérité artistique (et donc plus de véritable 'classique') dans un romantique qui a l'habitus que dans un classique qui ne l'a pas. Quand nous parlons de l'artiste ou du poète, craignons toujours de méconnaître la vertu qui peut être en lui, et d'offenser ainsi quelque chose de

Não, o verdadeiro mal está em mim, companheiros! Deve haver uma verdade da arte, mas esta não será única e exclusivamente o artefazer?... Mas se jamais se conseguiu chegar a um acordo sobre o que seja artefazer!... Nem o próprio belo, invocado por Maritain, e que também não conseguimos saber o que é, nem o próprio belo será elemento absolutamente necessário do artefazer, pois que aí estão os surrealistas e expressionistas de todos os tempos a negar essa preocupação de beleza, e vemos um Rivera fazer feio de propósito, maltratar propositalmente o fato plástico (até este!) nos seus afrescos, com os mesmos interesses sociais com que o Aleijadinho maltratava os soldados romanos que... amorosamente talhava... Numa coisa estaremos todos de acordo: a nossa época é turva, muito turva, e não haverá sutis pensamentos chineses que adocem a vida nas Itabiras e outras fábricas de ferro.[7] Mas o diabo é que trinta anos atrás,

naturellement sacré" (MARITAIN, Jacques. *Art et Scolastique*. Paris: Louis Rouart et Fils, 1920, p. 276/7).

Tradução: "Segue-se daí que o filósofo e o crítico podem e devem bem julgar o valor das escolas artísticas, como da verdade e falsidade, da influência, boa ou má, de seus princípios; mas para julgar o próprio artista ou o próprio poeta, essas considerações são radicalmente insuficientes: o que importa, antes de tudo, é discernir se se trata de um artista, de um poeta, de um homem que possua realmente a virtude artística, virtude prática e operativa, e não especulativa. Um filósofo, se seu sistema é falso, não é nada, uma vez que não poderá dizer a verdade a não ser por acaso; um artista, se seu sistema é falso, pode sempre ser alguma coisa, até mesmo algo de grande, pois ele pode criar a beleza apesar de seu sistema, e a despeito da inferioridade da forma de arte na qual se mantém. Do ponto de vista da obra terminada, há mais verdade artística (e portanto mais verdadeiramente clássica) num romântico que possui aparência do que num clássico que não a tenha. Ao falarmos do artista ou do poeta, tememos sempre menosprezar a virtude que pode nele estar, ofendendo assim algo de naturalmente sagrado".

7   Certamente, alusão a Confúcio (ver nota nº 1 de "Sejamos todos musicais" e à Itabira Iron Ore Company (ver nota nº 30 de "Os concertos de Backhaus").

mil e quinhentos anos atrás ou dentro de dois séculos, se disse ou se dirá também que a época é turva, muito turva... Diabo! Diabo! Bom: benditos ao menos os que têm fé numa verdade e não aprenderam esta positiva falta de educação que é espernear.

MÁRIO DE ANDRADE

Revista do Brasil, 3ª fase, ano 2, nº 7, janeiro 1939, p. 95-97

A lástima é que esta crônica vai se transviar todinha

A lástima é que esta crônica vai se transviar todinha, simplesmente por causa da existência de um "mas". Mas, porém, todavia. Minha intenção primeira era dedicar todo o espaço a dizer meu entusiasmo diante dos Apiacás, esses pequenos indígenas colhidos na massa popular do Rio de Janeiro por dona Lucília Vila-Lobos e por ela disciplinados no mais gracioso coral desta cidade. Nós carecemos tanto de corais que incutam qualquer elemento de unidade à nossa gente, e eu por minha parte, seguindo um bom gosto ao mesmo tempo popular e requintado, adoro tanto corais, que a minha pena se tornaria mais veludosa, e circulariam volutas de carícias por aqui.[1]

---

1 Composto por crianças extremamente pobres e de nível cultural muito baixo, o Coro dos Apiacás, que em tupi quer dizer tribo de índios fortes e valentes, teria tido uma outra história não fosse a dedicação constante da professora Lucília Vila-Lobos e o incentivo de músicos e críticos do período, bem como da própria Rádio Tupi – palco da estreia, a 25 de dezembro de 1935, desses "pequenos indígenas colhidos na massa popular do Rio de Janeiro". O grupo, que muito rapidamente passou a se apresentar em lugares como a Escola Nacional de Música e o Estudio Nicolas, chegou a ser comparado com os Meninos Cantores de Viena – sucesso mundial na época.
O progresso artístico realizado deveu-se à dedicação, como a própria Lucília escreve, a uma "causa maior" (como diria Mário) – instruir, educar e elevar por meio de um conjunto coral: "Lutei com a mentalidade dessa gente, tão pobre, tão humilde, tão atrasada!... Fiz firme propósito de desbastar a natureza... e ajudada por Luiza Palhano Quadros, minha grande amiga e competente professora,

Estava nessa agradável intenção quando surgiu na minha pequenina existência um gigante. E era um gigante de espécie muito perigosa, terrível de aspecto impiedoso nos julgamentos. Além da sua grave estatura, tem ele de particular o emprego dos óculos de alcance, perspicazes e suspicazes. Numa das suas ásperas mãos o gigante traz um látego comprido e na outra uma imensa brocha de pintor de paredes. Com o látego ele castiga os maus, os errados e os contraditórios. Com a brocha, túrgida de definitiva tinta negra, apaga todos os "mas", todos os "poréns" e todos os "todavias". Quem se livraria de semelhante gigante!... Não eu, que no fundo lhe tenho sincera simpatia e espero lhe provar nestas modestas linhas que, se lhe concedo o inteiro direito de usar seu látego, absolutamente não lhe posso permitir o uso da brocha. Não ponho dúvida que o látego seja direito de gigante, mas o "porém", o "mas", o "todavia" são direitos de linguagem, que nenhuma brocha nem de gigante nem de Deus pode apagar.

Ora, meu musicalíssimo amigo Artur Iberê Lemos[2], eu usei um "mas" que devorado sem a menor sem-

---

fomos conseguindo alguma coisa que parece de utilidade na educação dessas pobres crianças. Todos os anos realizamos audições, constatando sensíveis progressos, quer artísticos, quer sociais" (GUIMARÃES, Luiz. *Villa-Lobos visto da platéia e na intimidade* (1912-1935); s.c.p; p. 253).

É, portanto, diante desse quadro que Mário de Andrade, com sua sensibilidade e sua "musicalidade" ímpares, não poderia deixar de receber da "catequista" o seguinte convite: "Lucília Guimarães Vila-Lobos, cumprimenta respeitosamente e espera o seu valioso concurso inscrevendo-se como um dos 'Amigos dos Apiacás' (Resposta por favor na Casa Mozart)" (Série *Correspondência Passiva não Lacrada*; Arquivo Mário de Andrade; IEB/USP)

2   Compositor, pianista, professor e crítico musical, Artur Iberê Lemos (09/06/1901 – 13/02/1967) estudou com grandes nomes musicais de sua época, entre os quais Henrique Oswald e Vila-Lobos. A

-cerimônia por vossa brocha de gigante, vos fez imaginar "erros" e "contradições", onde eles não existiam num pobre escrito meu. Ponhamos a coisa em pratos limpos, para que enfim o leitor principie a me entender, se já não desistiu da leitura.

O Sr. Artur Iberê Lemos está se dando ao trabalho gigantesco de definir pelo *O Jornal* a "Consciência Musical Brasileira". Muito bem. Ora, lendo com a minha natural avidez de amigo e de estudioso, o segundo artigo que escreveu sobre tamanho assunto, a 18 de dezembro passado, eis que vejo o erudito crítico investir comigo, chamando-me de contraditório e errado; e, honestamente, com abundância de citações, provando que eu caíra em grosseiras contradições apenas em duas páginas seguidas do meu *Ensaio sobre a Música Brasileira*. Pois como é que eu tivera a coragem de afirmar em tão pouco espaço, de uma parte que "música brasileira deve de significar toda música nacional, quer tenha quer não tenha caráter étnico" e logo em seguida que "um artista brasileiro escrevendo agora em texto alemão sobre assunto chinês, música da tal chamada de 'universal' não só não é música brasileira mas que devemos repudiar, por genial que seja, esse artista![3]

---

convite deste, em 1943, foi um dos organizadores do Conservatório Nacional de Canto Orfeônico e, dois anos mais tarde, participou da fundação e organização da Academia Brasileira de Música, da qual, inclusive, foi membro.

3 O trecho do *Ensaio sobre a Música Brasileira* criticado por Iberê corresponde a:
"Um dos conselhos europeus que tenho escutado bem é que a gente se quiser fazer música nacional tem que campear elementos entre os aborígenes pois que só mesmo estes é que são legitimamente brasileiros. Isso é uma puerilidade que inclui ignorância dos problemas sociológicos, étnicos, psicológicos e estéticos. Uma arte nacional não se faz com escolha discricionária e diletante de

A contradição é tão flagrante que fiquei horrorizado. Pois então espíritos da altura de Itiberê da Cunha e de Andrade Murici, que tanto vêm me apoiando em minhas pesquisas com seu elogio e prestígio, teriam deixado de me censurar em tamanha contradição! Corri ao livro, já

---

elementos: uma arte nacional já está feita na insconsciência do povo. O artista tem só que dar pros elementos já existentes uma transposição erudita que faça da música popular, música artística, isto é: imediatamente desinteressada.

(...) Com aplausos inventários e conselhos desses a gente não tem que se amolar. São fruto de ignorância ou de gosto pelo exótico. Nem aquela nem este podem servir pra critério dum julgamento normativo.

Por isso tudo, Música Brasileira deve de significar toda música nacional como criação quer tenha quer não tenha caráter étnico. O padre Maurício, *I Salduni, Schumanniana* são músicas brasileiras. Toda opinião em contrário é perfeitamente covarde, antinacional, anticrítica.

E afirmando assim não faço mais que seguir um critério universal. As escolas étnicas em música são relativamente recentes. Ninguém não lembra de tirar do patrimônio itálico Gregório Magno, Marchetto, João Gabrieli ou Palestrina. São alemães J. S. Bach, Haendel e Mozart, três espíritos perfeitamente universais como formação e até como caráter de obra os dois últimos. A França então se apropria de Lulli, Gretry, Meyerbeer, César Franck, Honnegger e até Gluck que nem franceses são. Na obra de José Maurício e mais fortemente na de Carlos Gomes, Levy, Glauco Velásques, Miguez, a gente percebe um não-sei-quê indefinível, um ruim que não é ruim propriamente, é um 'ruim esquisito' pra me utilizar duma frase de Manuel Bandeira. Esse não-sei-quê vago mas geral é uma primeira fatalidade de raça badalando longe. Então na lírica de Nepomuceno, Francisco Braga, Henrique Osvaldo, Barroso Neto e outros, se percebe um parentesco psicológico bem forte já. Que isso baste pra gente adquirir agora já o critério legítimo de música nacional que deve ter uma nacionalidade evolutiva e livre.

Mas nesse caso um artista brasileiro escrevendo agora em texto alemão sobre assunto chinês, música da tal chamada de 'universal' faz música brasileira e é músico brasileiro. Não é não. Por mais sublime que seja, não só a obra não é brasileira como é antinacional. E socialmente o autor dela deixa de nos interessar. Digo mais: por valiosa que a obra seja, devemos repudiá-la, que nem faz a Rússia com Strawinsky e Kandinsky" (ANDRADE, Mário de. *Ensaio sobre a Música Brasileira.* São Paulo: Irmãos Chiarato, 1928, p. 4/5).

suspeitando do aparecimento subitâneo em minha vida de qualquer gigante, li angustiado as duas páginas pecaminosas indicadas pela "Consciência Musical Brasileira" e, de fato, encontrei a brocha.

Oh, não, meu querido amigo Artur Iberê Lemos, não houve não contradição nem erro nesse passo. Houve apenas um "mas" brochado facilmente e intempestivamente. O que disse exatamente é que se eu me coloco num ponto de vista histórico, descritivo, ou mesmo universalmente filosófico, tudo quanto é composto por músico brasileiro vivendo no Brasil, tem de ser considerado música brasileira, muito embora se pareça com Chopin ou Wagner. "Mas", (chamo a atenção para a existência do "mas") "mas" se me coloco num ponto de vista nacionalista e nacionalizador, pragmático e interessado, só é música brasileira a que reflete os caracteres étnicos nacionais, naquilo em que eles já se manifestaram musicalmente, isto é, na música popular.

Poderá por acaso o meu distinto amigo negar a possibilidade de existência de dois critérios diversos de julgamento? Dois ou mais?... Foi o que eu fiz, justamente para incitar os músicos brasileiros a pesquisar a matéria musical brasileira, sem por isso lhes negar o direito de realizarem seu gênio (se o tiverem) de qualquer maneira. Não nego, nem nunca neguei a ninguém o direito de escrever a música que quisesse, apenas avisei a muitos que deixariam de me interessar se se perdessem em liberdosas facilidades internacionais, e procurei lhes demonstrar que estavam por caminho que a mim me parecia errado. Lá está na conclusão dessas sofridas páginas, textualmente escrito que "o critério atual (já dissera antes que estávamos num período de franca nacionalização de nossa música erudita) de Música Brasileira deve ser não filosófico mas social. Deve ser um critério de combate."[4]

E agora me sinto numa desesperançada tristeza. Como pôde o meu amigo Artur Iberê Lemos usar gigantescamente de uma brocha apagadora de tantos "mas" e conclusões, escrevendo sobre coisa tão grave como seja a "Consciência Musical Brasileira"? Não acha o meu amigo que dessa forma a consciência musical brasileira está começando positivamente mal?...

Não, companheiro de lutas e de trevas, a consciência musical brasileira é de outras bandas que começa. A aurora dessa consciência está do lado dos Apiacás meninos, cantando em clara voz os cantos da nossa terra. E eu observava aquela gentinha miúda resolvendo com a maior facilidade, e às vezes mesmo com admirável elasticidade, os mais difíceis ritmos sincopados e as linhas mais melancolicamente fugitivas. Francamente, minha impressão verdadeira é que, muito mais que eu com to-

---

4 No mesmo *Ensaio*, Mário sublinhara esta questão:

"O critério atual de Música Brasileira deve ser não filosófico mas social. Deve ser um critério de combate. A força nova que voluntariamente se desperdiça por um motivo que só pode ser indecoroso (comodidade própria, covardia ou pretensão) é uma força antinacional e falsificadora.

"E arara. Porque, imaginemos com senso comum: se um artista brasileiro sente em si a força do gênio, que nem Beethoven e Dante sentiram, está claro que deve fazer música nacional. Porque como gênio saberá *fatalmente* encontrar os elementos essencias da nacionalidade (Rameau, Weber, Wagner, Mussorgsky). Terá pois um valor social enorme. Sem perder em nada o valor artístico porque não tem gênio por mais nacional (Rabelais, Goya, Whitman, Ocussai) que não seja do patrimônio universal. E se o artista faz parte dos 99 por cento dos artistas e reconhece que não é gênio, então é que deve mesmo de fazer arte nacional (...). Todo artista brasileiro que no momento atual fizer arte brasileira é um ser eficiente com valor humano. O que fizer arte internacional ou estrangeira, se não for gênio, é um inútil, um nulo. E é uma reverendíssima besta" (*Idem, ibidem*, p. 5/6).

dos os meus escritos compridos e brochados, muito mais que a consciência musical brasileira do meu amigo Iberê, quem está mesmo bem consciente, bem musical e bem brasileira é dona Lucília Vila-Lobos, com sua dedicação sem tréguas. Sem trevas. E sem brochas.

MÁRIO DE ANDRADE

Revista do Brasil, 3ª fase, ano 2, nº 8, fevereiro 1939, p. 93-95

Entra um turco, irlandês ou peruano

Entra um turco, irlandês ou peruano, pode ser também que seja um chinês, porque eu adoro os chineses muito parecidos comigo,[1] entra um chinês num pavilhão muito feio e enfeitado de qualquer exposição universal deste mundo. Se o pavilhão é, como falei, muito feio e enfeitado, mas bem enfeitado mesmo, está claro que se intitula Pavilhão do Brasil. Essa é, pelo menos, uma tradição, bem exemplificada pela compoteira que, para maior exemplo dos brasileiros, ali foi recomposta no início da Avenida Rio Branco, na sublime cidade do Rio de Janeiro.[2]

---

1 Alusão do cronista novamente aos filósofos chineses, tais como Confúcio, reverenciado por Mário na primeira crônica, "Sejamos todos musicais", como se viu. Em 14 de setembro de 1940, em carta a Oneyda Alvarenga, ele próprio vai declarar: "Quando me caíram nas mãos os chineses, Confúcio me caceteou, Lao-Tsé me deslumbrou. E o deslumbramento continuou pelo Zenismo e principalmente as doutrinas dos Mestres do Chá. Epicuro, Lao-Tsé e os Mestres do Chá formam a atitude transcendente da minha vida." (ANDRADE, Mário de. *Cartas: Mário de Andrade/Oneyda Alvarenga*. São Paulo: Duas Cidades, 1983, p. 271).

2 Trata-se do Palácio Monroe, réplica do pavilhão na Exposição Universal de Saint Louis, ocorrida em 1904, Estados Unidos. Dois anos depois, o Palácio – vencedor do primeiro prêmio internacional de arquitetura – é construído no Rio de Janeiro para ser a sede da Terceira Conferência Internacional Pan-Americana, abrigando, mais tarde, a Câmara dos Deputados, o Senado Federal e o Instituto de Geografia e História Militar do Brasil. Parte do conjunto de edifícios que datam das transformações urbanas que marcaram o governo de

Fotografia do Palácio Monroe encontrada no arquivo do escritor, sem data. (IEB/USP)

Cartão postal enviado a Mário de Andrade pela famosa pianista Magdalena Tagliaferro (Arquivo Mário de Andrade, série *Correspondências*, IEB/USP, s/d)

Bem. O chinês entra, vê logo uns cartazes bastante feios, falando em café, café. E em seguida, uma quantidade enorme de tubinhos de vidro, cheios de grãos de café,

---

Rodrigues Alves (1903-1906), como a Biblioteca Nacional e o Museu de Belas Artes, o palácio foi destruído no início de 1976 para dar lugar a uma praça pública.

grão disto, grão daquilo. De repente o olhar do chim logo pensa que o seu espírito vai saborear um bocado a arte do tal Brasil, que ele mal conhece, não sabe se é civilizado nem que população tem. Mas o chinês sorri. Suponhamos que seja peruano, ou principalmente sueco, que é gente que não tem as sublimes tradições pictóricas dos chineses. O sueco também sorri. Diz que é Brasil, mas o que ele está vendo como representativo da intelectualidade brasileira e seu caráter contemporâneo, (contemporâneo da exposição, entenda-se) é uma cópia servil e bastante enfeitada, das piores e mais fáceis tradições pictóricas de Paris, seu horrendo e antidiluviano salão oficial, e as tricromias da *Illustration*. Está claro que o sueco sorri. E vasculha então todo o edifício, em busca de qualquer coisa que lhe mostre mais de perto a Inteligência do Brasil. Mas são só tubinhos que encontra, e depois lhe oferecem, de graça, um café muito agradável.

O sueco agradece o café. Mas quer saber alguma coisa de menos natureza e mais homem do Brasil. Vagamente ele sabe que vieram uns negros importados para cá. Do estado de cultura não se sabe nada, nem sequer da existência de Machado de Assis. Indaga. Então lhe mostram a tal de ilustração em parede, de que ele já sorrira, e lhe falam de Carlos Gomes. Ele quer escutar algum Carlos Gomes, pelo menos isso, porém não há discos que lhe provem a existência de Carlos Gomes. Então o sueco toca no chapéu, torna a agradecer com muita cortesia, vai-se embora e nunca mais na sua vida pensa no Brasil, nem tem a menor lembrança de conhecer aquele monstro colosso, gigante, que ele vira no mapa, aliás bem feito.

Exagero estas coisas, senhores, porque a direção que Armando Vidal[3] está imprimindo à futura representação nacional, na Feira Internacional de Nova York, parece que vai marcar uma data nisso do comparecimento indígena aos *rendez-vous* do mundo. O pavilhão já começa por ser admirável, nem feio, e principalmente nem enfeitado, devido à criação de arquitetos verdadeiros como Lúcio Costa e Oscar Niemeyer. As decorações, e já tive ocasião de ver o primeiro dos três grandes painéis, são de Portinari, coisas atuais, originais como caráter e assunto, e de uma beleza plástica esplêndida.

E enfim, para justificação desta crônica musical, além de terem sido requisitados os ótimos discos corais e sinfônicos do Departamento de Cultura, de São Paulo, a representação brasileira, se lembrou de gravar uma coleção de discos, com músicas de autores brasileiros de todas as épocas. E encomendou essa gravação a Francisco Mignone, a quem, pelo menos espero, não há quem dispute atualmente o cetro de maior regente nacional. Serão nada menos que vinte e três discos, isto é, quarenta e seis faces de música nacional.[4]

---

3 Nascido em 1888, Armando Vidal Leite Ribeiro aproxima-se de Getúlio Vargas ainda na década de 1920 e, em 1933, torna-se presidente do Departamento Nacional do Café em São Paulo, além de participar da criação da OAB e da Lei de Direitos Autorais. Foi, ainda, membro do Instituto Brasileiro de Educação e Cultura, diretor financeiro da Companhia Siderúrgica Nacional, bem como secretário-geral de Finanças da Prefeitura do Rio de Janeiro. (Fonte: Centro de Pesquisa e Documentação da Fundação Getúlio Vargas/RJ (CPDOC/FGV). Arquivos Pessoais/guia dos arquivos: Armando Vidal, disponível em <http//:www.cpdoc.fgv.br/comum/htm>. Acesso em: 10/07/2005).

4 Os discos do Departamento Municipal de Cultura requisitados para a Feira Mundial de Nova York correspondem às seguintes obras: *Toada do Lauro louro*, de Agostino Cantu; *Tenho um vestido novo* e *Cabocla bonita*, de Artur Pereira; *Ou-le-le-le*, de Dinorah de Car-

Em primeiro lugar a gravação. Esta era a parte que nos inquietava mais, está claro. A bem dizer, pondo de parte alguns ensaios sem continuidade, jamais se gravou música sinfônica erudita no Brasil. Os próprios discos sinfônicos do Departamento de Cultura, contendo o *Maracatu de Chico-Rei*, foram feitos na Alemanha. Ora o que Francisco Mignone conseguiu, auxiliado pela boa-vontade das casas Victor e Odeon, é surpreendente. E também graças à dedicação dos componentes da orquestra, que não se amolaram de ficar quase um mês de dias estivais, no inferno de um estúdio fechado, seis e mais horas seguidas às vezes, em busca da música do Brasil. A verdade é que acharam, porque já se sabe que em batendo, mas batendo com insistência e fé, não tem porta que não se abra. Se as gravações não são, nem era possível desejar, totalmente perfeitas, são já excelentes. Parece mesmo incrível que em estúdios inadequados para música sinfônica, dotados de um só microfone, se possa conseguir discos tão bons. Há momentos em que a gente imagina estar escutando uma grande orquestra

---

valho; *Samba do matuto*, de João de Souza Lima; *Rochedo sinhá*, de Martin Braunwieser; *Pai Zuzé*, de Francisco Casabona; *Flores dispersas*, de João Gomes de Araújo; *Irene no céu; Egbejí; Nas ondas da praia*, de Camargo Guarnieri; *Cateretê* e *Maracatu de Chico Rei*, de Francisco Mignone.

Em abril de 1939, Mário publica "Música Nacional", no jornal *O Estado de S. Paulo* elogiando a iniciativa da Discoteca Brasileira (RJ) de gravar obras de compositores nacionais, embora para a Feira Mundial de Nova York: "(...) a discoteca brasileira está de parabéns. Continuando a iniciativa da Discoteca Pública do Departamento de Cultura, umas três dezenas de discos novos nos dirão agora da nossa música erudita e sobre ela refletiremos com maior intimidade. O que vai ser muito útil para os nossos compositores que se escutam tão pouco. Novos laços de parentescos se estreitarão com isso, e ganharemos uma nova unidade. (ANDRADE, Mário de. "Música Nacional". In: *O Estado de S. Paulo*).

(está claro, estrangeira) tanto que a agulhinha vibra certo e os espaços se enchem de sons verdadeiros, entusiasma. Por vezes a afinação, frequentes vezes, é simplesmente perfeita. A igualdade, o equilíbrio de som das cordas, é outra perfeição admirável. É incontestável que apesar de todas as deficiências iniciais do processo de gravação, estúdio, microfone, controlador de som sem conhecimento suficiente das peças, etc. apesar de tantas deficiências, há discos que nada ficam a dever às gravações estrangeiras.

Quanto às peças, Carlos Gomes, Oswald, Braga, Levi, Nepomuceno, representando a história; e mais Vila-Lobos, Guarnieri, Lorenzo Fernandez, Gnattali, Mignone, não sei se esqueço alguém, mostrando que é música viva. E bem vivinha que ela é. Com exceção de Vila-Lobos, que cedeu para gravar, uma desagradabilíssima *Canção Moura*, sem o menor interesse e que nada representa, nem mesmo das próprias contradições do grande compositor, espécie de bom-bom de todas as facilidades orquestrais e melódicas desse mundo, todos os outros compositores estão excelentemente representados. E cumpre não esquecer que o próprio Vila-Lobos guardou para si a gravação das suas admiráveis *Bachianas*, que ainda não ouvi assim gravadas. Com elas, se forem bem gravadas, ele poderá se absolver do pecado mortal da *Canção Moura*. E quanto a gravações como o *Puladinho* de Mignone, o *Batuque* de Fernandez, a *Alvorada* de Carlos Gomes, são records de primeira ordem. Francisco Mignone foi digno da missão de fé e sacrifício que lhe confiaram.

E agora o sueco está se rindo outra vez, mas não é mais de desdém, é de gozo. Há um Brasil, senhores, um Brasil da inteligência e do valor humano, que não é apenas tubinho de café e rolo de borracha. É certo que não repudio, Deus me livre! o tubinho de café que nos dá o pão, mas enfim, graças à nova orientação do Comissariado desta feira mundial, o Brasil aparecerá nela, na harmoniosa desarmonia que, oh Xangô, meu santo! Oh Mestre Carlos, meu padrim, que me fechou o corpo![5] Não poderíamos deixar de ser, chineses, indianos, deste hemisfério...

MÁRIO DE ANDRADE

Revista do Brasil, 3ª fase, ano 2, nº 9, março 1939, p. 83-86

---

5   Mário, ao realizar sua "viagem etnográfica" ao nordeste do Brasil, em fins de 1928 e início de 1929, chegou a pagar trinta mil réis para que "um catimbozeiro, na Paraíba, lhe fechasse o corpo." (ANDRADE, Mário de. *O turista aprendiz.* Introdução e estabelecimento de texto por Telê Ancona Lopez. São Paulo: Duas Cidades, 1976, p. 381).

O mundo da musicologia e da ciência

O mundo da musicologia e da ciência acha-se de novo tomado de alegre satisfação, e provavelmente vai descansar por algum tempo. Não vê que um novo médico, o doutor Paulo Bodros, se lembrou de retomar os estudos feitos até agora sobre as causas da surdez e da morte de Beethoven, dirigiu-os por novos métodos, ou pelo menos, novas hipóteses, e acaba de dar um novo diagnóstico. Tudo isto é profundamente macabro e não consigo ver exatamente em que o novo diagnóstico melhore a nossa compreensão da *Nona Sinfonia* ou nos explique certos desenvolvimentos temáticos muito fatigantes, a que Beethoven tantas vezes se entregou. Mas a curiosidade humana não tem nada de amável e nem sempre se preocupa com as coisas mais necessárias. Nós vemos hoje, por exemplo, tantos países fachistas, preocupadíssimos em descobrir algum novo gás asfixiante ou quistos nacionais na terra alheia, e completamente despreocupados de descobrir qualquer sistema de bem governar e fazer felizes os homens. A curiosidade humana é assim, nada tem de musical. Por isso não devemos nos espantar que ciência e música se regozijem porque o doutor Bodros inventou que a surdez de Beethoven foi de fundo tuberculoso, e ainda a tuberculose a causa primeira que o matou.

Pai alcoólico, mãe tuberculosa e tendo um irmão hético, nada mais aceitável do que a hipótese de Beethoven ter sido um tuberculoso também. Assim, segundo o raciocínio do mesmo doutor Bodros, o até agora pensado "tifo" que maltratou gravemente Beethoven aos dezessete anos, idade crítica da adolescência para as expansões tuberculosas, não foi tifo nem nada, foi um surto da tuberculose hereditária ou proveniente, na primeira infância, da contaminação maternal.[1] Esta hipótese de um tifo que não foi tifo mas tuberculose, me lembra, aliás, aquela erudita comunicação de um historiador paulista, o qual esclareceu definitivamente que o bandeirante Francisco da Cunha Pedroso que partira de S. Paulo no primeiro quarto do século dezoito e fora morrer em 1753 nas minas de Cuiabá, não se chamava absolutamente Francisco Da Cunha Pedroso mas João Paes do Prado, nem partira de S.Paulo no primeiro quarto do século dezoito, e sim partira de Itu para caçar índios nos meados do século dezesseis e morrera nas missões do sul em 1699. Oh como eu admiro a História e os historiadores!

Pois em seguida, o doutor Bodros desenvolve uma argumentação cerradíssima, que sou incapaz de reproduzir por causa dos termos científicos, e prova, mas prova de uma maneira irrefutável que as manifestações auriculares do grande gênio "podiam muito bem ter sido" de natureza tuberculosa e resultar numa esclerose bilateral.

---

1   Não foi possível localizar a obra de Paulo Bodros na biblioteca de Mário de Andrade. Entretanto, foi encontrada *La Sordità di Beethoven* que, embora editada em 1921, traz muitas semelhanças com a do "Doutor Bodros". O livro de Gugliemo Bilancioni é uma análise médica e psicopatológica da vida e da surdez do grande compositor, levantando a hipótese de se tratar de doença hereditária (BILANCIONI, Gugliemo. *La sordità di Beethoven, considerazioni di un otologo.* Roma: A. F. Formíggini, 1921).

No princípio indolorosa, aos poucos a afecção aumentou, vieram as vertigens, os ruídos continuados, os roncos que se tornaram às vezes intoleráveis, a audição foi atingida, para, no fim de nove anos de martírio, alcançar, por esclerose, a completa surdez. E assim, por algum tempo, saberemos que a surdez de Beethoven foi de origem tuberculosa, até que um novo doutor Bodros, baseado em novas hipóteses, se lembre de retomar mais uma vez os estudos sobre as causas do mal de Beethoven e descubra que, meu Deus, tudo foi questão de cera no ouvido.

Eu também já sofri, não por nove anos, mas por nove meses, toda a evolução da otite média e consequente surdez de Beethoven. Teria uns dezenove anos então e Beethoven era meu deus. Conhecia-lhe toda a obra que naquele ponto da minha educação musical me era acessível, conhecia-lhe os passos todos da existência, decorava-lhe as frases e o testamento de Heiligenstadt. Uma bela manhã, senti nos ouvidos um ruído singular, um ronquido longínquo, e não sei que anjo danado da vaidade me segredou que eu estava destinado a sofrer a mesma doença de Beethoven. Fiquei egoistamente horrorizado, porque, francamente, preferia os meus ouvidos a imitar o martírio mesmo de um gênio adorado, e uma inquietação terrível me acovardou. Desde esse momento não vivi mais que para escutar os meus próprios ouvidos.[2] Eu também, que me destinava à música, ficar surdo! Era uma completa desgraça. Recordava a célebre

---

2 Mário de Andrade sofreu frequentemente do ouvido, como revela carta ao amigo Carlos Drummond de Andrade: "O clima do Rio é o meu clima, nasci pra calor, ao passo que aqui agora mesmo faz quatro meses que estou sofrendo do ouvido por causa dum resfriado tremendíssimo" (ANDRADE, M. *Lição do amigo: cartas de Mário de Andrade, anotadas pelo destinatário*. Rio de Janeiro: José Olympio, 1982, p. 272). Alguns anos antes, a Ademar Vidal, também con-

94   Mário de Andrade

carta a Wegeler, recordava a análise do doutor Klotz-
-Forest, recordava os comentários e as invencionices dos
historiadores, e o meu sofrimento não tinha mais fim.[3]
Por outro lado os ruídos aumentavam fragorosamente
nos meus ouvidos, eu vivia só, embora ainda distinguisse

---

fessa: "(...) estou na hora de ir ao médico. O ouvido me dói, não me
deixa sossegado" (*Idem*, p. 272).

3   No que diz respeito à carta de Beethoven a seu fiel e grande amigo
Wegeler, Mário provavelmente se refere à passagem em que se lê
a confissão do sofrimento perante a surdez que avançava: "(...) Je
mène une vie misérable. Depuis deux ans, j'évite toutes les socié-
tés, parce qu'il ne m'est pas possible de causer avec les gens: je suis
sourd. Si j'avais quelque autre métier, cela serait encore possible,
mais dans le mien, c'est une situation terrible. Que diraient de cela
mes ennemis, dont le nombre n'est pas petit!... Au théatre, je dois
me mettre tout près de l'orchestre, pour comprendre l'acteur. Je
n'entends pas les sons elevés des instruments et des voix, si je me
place un peu loin... Quand on parle doucement, j'entends à peine,...
et d'autre part, quand on crie, cela m'est intolérable... Bien souvent,
j'ai maudit mon existence... Plutarque m'a conduit à la résignation.
Je veux, si toutefois cela est possible, je veux braver mon destin;
mais il y a des moments de ma vie où je suis la plus misérable créa-
ture de Dieu... Résignation! Quel triste refuge! Et pourtant c'est le
seul qui me reste! (ROLLAND, Romain. *Vie de Beethoven*. Paris: Hachette, 1920, p. 16/7).
A página 16 da *Vie de Beethoven*, de Romain Rolland, recebeu de
Mário de Andrade a anotação marginal a lápis, destacando o trecho:
"je suis sourd".
"Levo uma vida miserável. Há dois anos evito os eventos sociais
porque estou impossibilitado, não me é possível conversar com as
pessoas: estou surdo. Se tivesse qualquer outra profissão, isso ainda seria possível, mas na minha é uma situação terrível. O que di-
riam disso meus inimigos, cujo número não é pequeno! No teatro,
preciso sentar-me bem próximo à orquestra, para compreender o
ator. Não ouço os sons elevados dos instrumentos e das vozes, caso
eu me sente um pouco longe... Quando falam devagar, ouço com
dificuldade, por outro lado, quando gritam, é insuportável... Muito frequentemente lamento minha existência... Plutarco me levou
à resignação. Quero, se bem for possível, enfrentar meu destino,
mas há momentos de minha vida em que sou a mais miserável
criatura de Deus... resignação! Que triste refúgio! E, no entanto, é
só o que me resta!" (tradução da autora).

Sejamos todos musicais

perfeitamente as frases e vozes alheias. Afinal o desespero não teve mais remédio e corri para o seio de minha mãe, a minha grande confidente de todos os tempos. Chorei-lhe nas mãos e ela, muito inquieta, acompanhou-me ao doutor Lindenberg, certa também que uma desgraça pavorosa lhe caíra sobre o filho tão querido. Na sala de espera guardou todo o tempo a minha mão nas suas e me olhava sorrindo, como a me confiar que, embora perdesse os meus ouvidos, ainda a tinha a ela para ouvir por mim. Mas o doutor Lindenberg era bastante áspero, nem me deixou contar miudamente todos os sintomas que eu sabia de cor. Me fez sentar na cadeira metálica, me agarrou na cabeça, me torceu o pescoço para facilitar melhor o exame e afirmou com decisão: – É cera no ouvido.

Bastante maltratado em meu orgulho, ainda pude repudiar a ofensa:

— Mas, doutor, eu sou limpo!

— Limpo demais! Por isso que acontece dessas coisas.

Mas eu não escutava mais, preocupado em ocultar as dores que sofria com as limpezas daquelas mãos benfazejas que me salvaram. Saí do consultório com ouvidos ótimos e, palavra de honra, bastante desligado de Beethoven, julgando-o já com menos adoração e maior clarividência. Não durou um mês e eu já comentava em voz alta e mesmo com certa maldade, defeitos e cacoetes do sublime surdo.

MÁRIO DE ANDRADE

Revista do Brasil, 3ª fase, ano 2, n° 10,
abril 1939, p. 89-91

Pois no passado mês de março, deu-se um acontecimento

Pois no passado mês de março, deu-se um aconteci-mento inaudito neste Brasil, uma defesa de tese em que não se escutaram nem ofensas nem insultos. O mais espantoso ainda é que isto sucedeu no briguento mundo da música.[1] O Sr. Luís Heitor Correia de Azevedo tendo se proposto, na sua tese de concurso para a cadeira de Folclore Musical, da Escola Nacional de Música, tratar a melódica e as escalas dos índios do Brasil, acabou concluindo pela inexistência do quarto de tom entre estes índios. Eu, por mim, acho que o Sr. Luís Heitor Correia de Azevedo tem razão quanto aos índios, e já dei meus argumentos num artigo publicado alhures.[2] Considero mesmo essa história do

---

[1] É como membro da comissão julgadora da Escola Nacional de Música do Rio de Janeiro que Mário de Andrade assiste à defesa da tese *Escala, ritmo e melodia na música dos índios brasileiros*, de Luís Heitor Correia de Azevedo. A tese possibilita a Luiz Heitor a posse da cadeira de Folclore Nacional na instituição.

[2] Trata-se do artigo "Quarto de tom", publicado no *Estado de S. Paulo* a 16 de abril de 1939, onde Mário, ao se referir à tese do musicólogo corrige possíveis erros e faz críticas – críticas essas já evidentes nas notas marginais do exemplar do trabalho que está em sua biblioteca (ANDRADE, M. "Quarto de tom". In: *Música, doce música*. São Paulo: Martins, 1963, p. 288).

No entanto, é mister adiantar, Mário, querendo discutir, no texto da *Revista do Brasil*, a existência ou não do quarto de tom na música popular nordestina, ao compará-la com a música de nossos índios comete um grande equívoco, haja vista a significativa diferença existente entre um sistema tonal e outro.

quarto de tom, embora reconheça a existência dele, uma espécie de escapatória muito fácil, a que recorrem sem muita honestidade os folcloristas musicais, em luta com os problemas da entoação popular. Quando não sabem resolver o inaudito de uma entoação ouvida, afirmam logo, sem mais aquela: "É quarto de tom". Não é tanto assim...

Na música popular brasileira, por exemplo, cujas dificuldades de grafar como ritmo e como entoação, são às vezes intransponíveis, eu mesmo já afirmei, depois neguei, depois tornei a afirmar a existência do quarto de tom. Hoje duvido dele. Pelo menos tenho a certeza de que é uma manifestação não generalizada e raríssima. E como o nosso folclore é de fixação recente e por muitas partes ainda se ressente das invenções individualistas e dos cacoetes dos cantadores analfabetos, se algumas vezes, muito raras, tenho topado com manifestações de entoação que, teoricamente poderiam ser chamadas de quarto de tom, por dois lados considero muito perigoso afirmar só por isso, tenha o nosso povo o conhecimento e prática de intervalos menores que o semitom.

Em primeiro lugar, não tendo à mão, nesses encontros fortuitos com o fenômeno, nenhuma máquina de gravação, não me foi possível em seguida fazer a análise acústica necessária, da entoação ouvida.[3] Não posso garantir se tratasse de um som fixo, sempre o mesmo, ou

---

3   Em fins de 1928 e início de 1929, Mário de Andrade realiza viagem ao Nordeste a fim de recolher material sobre a tradição popular e folclórica do Brasil. Mas, já em meados de 1924 e 1925, Mário revelara em cartas ao amigo Luís da Câmara Cascudo a enorme "fome" que sentia pelas coisas do Norte. Assim, quando deixa a Pauliceia, em novembro de 1928, passa a recolher vasta documentação sobre as danças, as canções, bem como sobre a religiosidade, as crenças e as superstições da região. Só no Rio Grande do Norte, por exemplo, o musicólogo colheu cocos, fandangos, toadas, emboladas, melodias do boi, desafios e canções sertanejas.

se apenas uma coloração virtuosística. Ora, não podendo garantir que se tratava de um som fixo, repetido sempre o mesmo, e lhe desconhecendo o número de vibrações, não tenho elementos científicos para honestamente concluir pela manifestação de um som, de qualquer forma correspondente a um quarto de tom. O que hoje apenas tenho como certo é que, no nordeste do Brasil, há cantadores que costumam colorir, "cromatizar" no sentido grego da palavra, certos sons, com intenção virtuosística, afastando-se um bocado dos sons utilizados sistematicamente em nossa música erudita.

Duas das vezes em que topei com esse processo de entoar, mesmo longe de minhas notas de viagem, posso recordar perfeitamente. Uma destas vezes o caso se deu com uma famosa cantadeira pernambucana, a preta Maria Joanna.[4] Tive a felicidade de ouvi-la numa reunião bastante alegre, em Olinda, reunião em que ela estava

---

Com exceção das crônicas de *O Turista Aprendiz* e de alguns artigos e ensaios, muito de todo esse material recolhido permanecerá inédito até anos depois de sua morte, quando Oneyda Alvarenga finalmente termina de organizá-lo, obedecendo ao desejo do escritor de publicá-lo de uma só vez "numa obra de fôlego sobre música e cultura popular (...). A obra, que teria como título *Na Pancada do Ganzá*, recebeu de Oneyda Alvarenga os seguintes títulos: *Música de Feitiçaria no Brasil, Danças Dramáticas do Brasil, Os Cocos, As melodias do Boi e outras peças* (ANDRADE, Mário de. *O Turista Aprendiz*. Establ. texto, introd. e notas Telê Ancona Lopez. São Paulo: Duas Cidades, 1976, p. 21).

4   Mário de Andrade ouve Maria Joanna pela primeira vez a 11 de dezembro de 1928, em Olinda, na casa de Alfredo de Medeiros e, novamente, a 19 de fevereiro de 1929, desta vez no engenho de Renato Carneiro da Cunha. A cantadeira fornece ao "turista aprendiz", que toma nota, três cocos: *Saia do sereno; Embolada da Aracuã* e *Ôh sindô-lêlê*.
A cromatização entoada pela "filha de africanos legítimos" ocorre ao cantar *Saia do Sereno*, como Mário relata aos leitores do *Diário Nacional* a 22 de janeiro de 1930 (ANDRADE, Mário de. "Pensando". *Diário Nacional,* São Paulo, 22 jan. 1930).

perfeitamente à vontade e podia usar de todos os seus recursos pessoais de cantar, que eram esplêndidos. Ora, num dos cantos que ela tirou, pude verificar que num determinado som da melodia ela sistematicamente se afastava dos sons da nossa escala cromática. O lugar era sempre o mesmo, o que prova a sistematização do cromatismo dentro do espírito de Maria Joanna. Ora, dois meses depois, de volta a Pernambuco, jantando num dos engenhos da família Carneiro da Cunha, veio servir o jantar justamente a Maria Joanna. Contei o que sabia dela, e depois do jantar, na varanda admirável, nos propusemos a escutá-la. Maria Joanna, chamada, recusou-se a cantar diante dos patrões, e só depois de muita instância tirou algumas melodias. Mas estava cheia de dedos, quase desinteressante, naquele ambiente luxuoso e de respeito. Não me esqueci de lhe pedir cantasse a melodia em que da primeira vez, ela cromatizara com tanta virtuosidade. Maria Joanna cantou, mas já não empregou mais o cromatismo, e simplesmente um dos sons fáceis da nossa escala geral. Não sei se não quis se expor ao perigo de uma entoação dificílima, ou seja se esquecera do enfeite, o mais provável é ter fugido à surpresa de uma desafinação; o certo é que, naquele ambiente, Maria Joanna não entoou mais o som que eu desejava ouvir.

Outra feita, no Rio Grande do Norte ou na Paraíba, não tenho exata certeza, agora, eu trabalhava com um cantador popular analfabeto que os meus amigos tinham conseguido pôr à minha disposição, para estudos.[5] Num

---

5   Trata-se de Vilemão da Trindade, rabequista que Mário de Andrade conheceu no engenho Bom Jardim, propriedade da família de Antônio Bento de Araújo Lima, no Rio Grande do Norte. É interessante notar, o escritor, diante do "mulato escuro" que lhe trouxe "desafios estupendos", repete, aqui, embora de maneira um pouco diferente, suas anotações de viagem. De forma análoga ao que escreve na

dado momento, o cantador entoou também uma melodia em que emitia um som aberrante dos que conhecemos em nossa educação europeia. Desta vez, eu já estava de sobreaviso e pude estudar o caso com mais paciência. De resto, tinha um piano à mão, o que me facilitava experimentar mais de perto o fenômeno. Depois de repetida a melodia muitas vezes pelo cantador, fiz com que este parasse o canto, e reproduzi[6] a melodia no piano. Perguntei se estava certo. Notei imediatamente a hesitação do meu colaborador, ao qual, aliás, já tinha conseguido pôr em completa liberdade de camaradagem comigo. Fui então debulhando a melodia, frase por frase, e a cada uma delas o cantador consentia em que estava certa, até que chegou no lugar em que ele "cromatizava" fora dos doze sons do piano. E foi divertida a angústia proposital em que pus o meu amigo. Executava a frase e ele me dizia que não era assim. Tornava a executá-la dando o outro som do intervalo de semitom, dentro do qual ele executava o seu virtuosismo, e ele tornava a afirmar que assim também estava errada. Fingi irritação, e lhe disse que se não era um som nem outro, o piano não tinha o som que ele cantava. E o pobre do meu colaborador, muito envergonhado de não concordar com o "seu dotô", hesitou, mexeu-se, mas acabou afirmando mesmo que

crônica musical, na "Psicologia dos cantadores" afirma: "[Homem] ignorante de música teórica, (...) ouvido excelente. Temperamento barroco, enfeitador das melodias na rabeca. Alguma incerteza de execução que se tornava frequentemente fantasista. (...) Por humilde e tímido, só depois de certo trabalho se acamaradou mais comigo. Assim mesmo não dizia nunca que estava errado. Se limitava a tocar de novo o documento pra que eu mesmo descobrisse os meus enganos. (ANDRADE, Mário de. *Os cocos*. Prep., ilustr. e notas Oneyda Alvarenga. São Paulo; Brasília: Duas Cidades; Instituto Nacional do Livro, 1984, p. 35).

6   Na *Revista do Brasil*, "reproduzir".

então ele não sabia como era, mas a frase não era assim como eu reproduzia no piano. Achei o caso tão admirável que chamei o meu amigo Antônio Bento de Araújo Lima, para que autenticasse o meu achado.

Isso é o que sei. Não juro tratar-se de um quarto de tom fixo e sistematizado; sei que se trata também de uma manifestação mais propriamente individualista que coletiva: mas, por mim, já por umas quatro vezes encontrei, em cantadores do nosso povo nordestino, o emprego sistemático, sempre num mesmo lugar da melodia, de colorações de entoação que escapam aos sons da nossa escala de semitons.

MÁRIO DE ANDRADE

Revista do Brasil, 3ª fase, ano 2, n° 11, maio 1939, p. 88-91

Outro dia era um compositor

O utro dia era um compositor que apresentava pela primeira vez algumas obras suas num concerto de grande apuro. Cuidara-se de tudo com carinho, ótimos executantes, excelente música.[1] Após o concerto, como é de preceito, o compositor e seus executantes vão "tomar alguma coisa" num café ou num bar, geralmente acompanhados de quatro ou cinco íntimos. E mais as mulheres do compositor, dos executantes e dos respectivos íntimos. Quem paga é sempre o compositor. De raro em raro acontece que um dos íntimos, tomado de carinho súbito pelo grande esforço feito pelo compositor e seus executantes, fica numa violenta comoção de instante e paga tudo.

---

1 Na impossibilidade de saber qual o nome do compositor em questão, têm-se aqui duas hipóteses: Mário de Andrade estaria, primeiramente, fazendo uma remissiva à crônica "Por uma noite chuvosa", cujo desenvolvimento se dá através da apresentação de obras inéditas de Radamés Gnattali, em 12 de agosto de 1938 – momento em que chegara a afirmar que, apesar das peças de Gnattali representarem o gênero mais difícil de se compor, "os executantes eram ótimos". A segunda possibilidade seria já uma referência às obras de João Itiberê da Cunha, orquestradas por Francisco Mignone. O compositor será o principal assunto da próxima crônica, "E eu tenho que falar na suíte brasileira de Itiberê da Cunha", concerto de 31 de março de 1939. Nessa apresentação, Mignone traz a orquestração ao público pela primeira vez. (Ver "E eu tenho que falar na suíte brasileira de Itiberê da Cunha", nota 1).

104   Mário de Andrade

E foi nessa roda de após concerto que o compositor se queixava da ausência de amigos literatos. "Você repare, ele me dizia, não sai um livro de Fulano ou de Sicrano, (e anunciava logo uns dez nomes) que eu não compre imediatamente, leia com entusiasmo e comente. E todos eles são meus amigos; frequentam minha casa e frequento a casa deles. Não escrevo sobre os livros deles porque simplesmente não sei escrever literariamente, para jornal. Mas comento. Onde estão esses amigos? Nenhum veio, isto é, vieram dois, Manuel Bandeira e Murilo Mendes. São os únicos escritores brasileiros que frequentam concertos e gostam realmente de música, os outros a ignoram".

Ontem, era um pintor meu amigo, comentando o seu caso. Conquistara um prêmio de grande interesse com um quadro terminado recentemente. "Não era justo, ele me dizia, que se comentasse o prêmio, que não é só de interesse meu mas nacional, pelos jornais? Tenho muitos amigos literatos. Frequentam minha casa e frequento a casa deles. Quando publicam livro, sou dos primeiros a comprar, ler, comentar. Mas, com exceção de Murilo Mendes, Aníbal Machado e um pouco também Manuel Bandeira, nenhum literato se incomoda com pintura".[2]

Queixas justíssimas, principalmente a do músico. O Rio tem ótimos críticos musicais, disso não há dúvida, mas o problema é outro. O que assusta, o que é sintomá-

---

2   É possível que Mário esteja se referindo a Cândido Portinari, cuja obra *Café*, em 1935, conquistara a segunda menção honrosa na Exposição Internacional do Instituto Carnegie, de Nova York. Não é de se estranhar a data da premiação, um tanto remota em relação à datação desta crônica já que, foi visto, o poeta se vale de episódios muito anteriores e mesmo não vividos por ele a serviço da construção de seu texto, caso do episódio de Jaime Ovalle narrado a Álvaro Lins. (Ver crônica "Não venham me dizer que estou tapeando".

tico da nossa cultura literária, mesmo da mais elevada, é o desconhecimento completo da música em que vivem os nossos escritores. Não só a ignoram profundamente na sua, já não digo técnica, mas na sua própria estética, como lhe desconhecem a existência. Enfim, os nossos literatos não gostam de música.

Isso me parece sintomático, principalmente se comparo o caráter da nossa intelectualidade com a de outros países. Já nem quero lembrar um Marcel Proust escrevendo páginas das mais percucientes sobre psicologia musical, nem um André Gide escrevendo sobre Chopin com uma profundeza de conhecimento técnico de causar assombro... O caso de um Romain Rolland ainda assombra mais, tão bom esteta e crítico musical quanto prosador de ficção.[3] Mas todos estes ainda podem ser considerados casos especiais. O que caracteriza a intelectualidade francesa, a inglesa, a alemã e várias outras mais, é que a generalidade dos seus escritores de ficção conhece música intimamente. A todo instante nas obras deles catam-se pormenores, pequenas indicações, metáforas tiradas da terminologia musical, sempre acertadas, demonstrando um conhecimento íntimo da música e o comércio quotidiano das manifestações musicais.

Entre nós, a ignorância musical dos nossos escritores atinge o absurdo. Tenho colecionado um rebanho imenso de metáforas, de comparações feitas com elementos musicais, em nossos escritores. É pasmoso as tolices que dizem, e a ignorância rósea, satisfeita que essas imagens demonstram. Algum dia hei de dá-las ao

---

3   De fato, Mário reúne em sua biblioteca inúmeras obras de André Gide, Marcel Proust e Romain Rolland, entre as quais encontram--se obras primas como *À la recherche du temps perdue*, de Proust; *L'immoraliste*, de Gide, entre outros.

público. Por hoje basta este pequeno poema que apareceu recentemente:

"Seus longos dedos pontiagudos, feriram longamente
No instrumento as sete notas
Indefiníveis!
E seus ouvidos distinguiram em cada uma delas,
A alvorada, o crepúsculo e a noite se sucedendo,
Subjetivamente,
No Universo interior."[4]

Não me refiro a isso de se distinguir dentro de cada "nota", alvorada, crepúsculo e noite. É sensação de poeta que respeito. O que me assusta é a impropriedade da primeira frase, toda errada tecnicamente. Não se ferem "notas", ferem-se cordas de instrumentos. Isso é o de menos. O pior é que o poeta não queria se referir a "notas" e sim a sons. "Nota" é a imagem gráfica do som, e já é abusivamente que se estende o seu sentido para a corda, a tecla do instrumento. Não tem dúvida que se pode dizer "tocar a nota ré", mas tocada esta nota, o que se escuta é o som ré. Agora, desde que o poeta se referiu às sete notas da escala, nunca ele poderia dizer que eram "indefiníveis", porque são esses os sons mais definidos, mais fixados de toda a coleção de sons musicais possíveis.

É uma frase desnorteante, que deixa quem quer saiba um pouquinho de música, verdadeiramente assustado. Mas não se pense que esse é exemplo único. Poderei em qualquer ocasião apresentar centenas

---

4   A pesquisa sobre metáfora musical é um dos aspectos que alimenta a leitura e fichamento de Mário de Andrade para coleta feita para uso no *Dicionário Musical Brasileiro*. Veja-se, por exemplo, o verbete "Metáfora musical" (ANDRADE, Mário de. *Dicionário Musical Brasileiro*. Coord. Oneyda Alvarenga; Flávia Camargo Toni. Belo Horizonte: Itatiaia; Brasília: Ministério da Cultura; São Paulo: IEB/USP, Edusp, 1989, p. 332/5).

de casos semelhantes e até muitíssimo piores. O que se percebe em principal é a ausência da música em nossa intelectualidade. É a despreocupação dos nossos intelectuais pela interpenetração das artes, principalmente dessa música misteriosa e sugestionadora, a que tudo converge.

E por certo, em grande parte, derivará disso, serem os nossos escritores tão parcamente... vasos comunicantes. Tão parcamente... republicanos. Lhes falta aquela polidez que só a música dá. Os nossos literatos poderão dizer, sem metáfora, a frase de Tobias Barreto: "Atrás de nós é que vem a música que ainda não comeu." Mas a vingança da música é que, no caso, os desnutridos serão eles, os literatos.

MÁRIO DE ANDRADE
Revista do Brasil, 3ª fase, ano 2, n° 12,
junho 1939, p. 133-135

E eu tenho que falar na suíte brasileira de Itiberê da Cunha

E eu tenho que falar na suíte brasileira de Itiberê da Cunha. Jamais examinara composições desse meu grande amigo, até o dia em que o compositor Francisco Mignone, mostrando-me um pequeno álbum de peças para piano, me contou serem obra de Itiberê da Cunha, acrescentando que estava disposto a transcrevê-las para orquestra. Já o simples fato de Francisco Mignone ter-se interessado por essas pecinhas, provava que elas não eram destituídas de valor.[1] Por que então Itiberê da Cunha não me fizera ter conhecimento delas?...

Entre os nossos músicos, Itiberê da Cunha tem a especialidade de ser o mais reconditamente delicado e discreto. É uma delícia de figura, com seu ar sempre sorrindo, um sorriso cheio de perdão para tudo, mas que não deixa nunca de guardar consigo um laivo de ironia que o homem bom pôs todo o cuidado em esconder num bigode cheio, de uma alvura inocente. Encontrar, na rua ou num concerto, Itiberê da Cunha, é um prazer incomparável. Ele tem um ar de festa, na sua elegância fina, e na sinceridade admirável da sua alegria. Eis um músico

---

[1] Como se verá adiante, Francisco Mignone orquestra as peças de João Itiberê presentes na *Série Brasiliense: Despertar do matuto; Acalanto ingênuo e Canção ritual de macumba*. E a apresenta ao público, pela primeira vez, em 31 de março de 1939, na Escola Nacional de Música.

110   Mário de Andrade

sem nenhuma espécie de maldade, sem nenhuma espécie de rivalidade, um caso verdadeiramente excepcional. Jamais vi coisa nenhuma de torvo ou de imperfeito no meu amigo Itiberê da Cunha.[2]

O próprio fato dele não ter mandado as suas composições, especialmente esta suíte, era ainda uma forma de perfeição, uma sutileza de equilíbrio. Eu conhecera o artista atraído pela sua crítica, pela sua maneira de pensar esteticamente a música, pelos seus escritos. Começaram desde logo, entre nós ambos, boas relações literárias e aquela generosa camaradagem entre confrades que aos poucos o tempo se encarregou de transformar em amizade. E ele, percebendo que eu fizera dele uma imagem, sabendo que essa imagem me era grata, – pois que sempre me são gratas as imagens dos que escrevem sobre música e poderão assim orientar esteticamente os nossos compositores, – ele não quis perturbar essa imagem do crítico, vindo indiscretamente me gritar no ouvido descuidado um inquietante *anch'io son pittore*. Este é o meu retrato de Itiberê da Cunha, amigo queridíssimo.

Folheei as pecinhas que Mignone me mostrava. Desde logo percebi nelas o bom pianista. A escritura correta e elegante tinha um quê de caracteristicamen-

---

2 Formado em Direito pela Universidade de Bruxelas, João Itiberê da Cunha (1870-1953) cursou também a classe de piano de Jean Riga no conservatório da capital belga, voltando ao Brasil em 1892. Ingressando na carreira diplomática por influência de seu irmão, Brasílio Itiberê, foi secretário de Legação no Paraguai, demitindo-se tempos depois. Após sair de Curitiba para estabelecer-se no Rio de Janeiro, colaborou na revista *A Renascença* e nos jornais *A Imprensa* e *Correio da Manhã*, tornando-se crítico musical a partir de 1925. Suas composições musicais, no entanto, somam menos de vinte obras, entre as quais encontram-se quatro peças compostas para música vocal e o restante para música instrumental, obras que, de fato, Mário de Andrade não chegou a incorporar em seu acervo – nem mesmo após Francisco Mignone ter lhe apresentado algumas peças.

te pianístico. Difíceis às vezes, mas sempre boas para os dedos, especialmente a terceira, moldada num clarinante tema de caráter negro. Mas, se obedeciam às exigências pianísticas, e não eram desse gênero, muito comum atualmente, de peças para piano que não se lembram de maneira nenhuma que são escritas para uns pobres e limitados dedos humanos, percebi logo o partido que o sinfonista poderia tirar da transcrição para orquestra. E, de passagem, Francisco Mignone tirou sinfonicamente delas o máximo que poderia tirar, conseguindo mesmo, na última das três, um fulgor, uma riqueza orquestral admirável.

Mas estou falando de Itiberê da Cunha e quero insistir no que é propriamente dele nesta suíte. Descrever-lhe a suíte, aliás, seria repetir o retrato que já fiz do homem, pouco atrás. Uma suíte feliz, suave, encantadora como o seu autor e finamente discreta como ele. Nada de excessos nem de assombradas iluminações, mas aquele equilíbrio, aquela elegância limpa, que não deixa nada fora do lugar, com que o artista sempre se apresenta.

Esteticamente, o que distingue estas pequenas obrinhas é sempre aquele princípio com que o crítico entende o tratamento da coisa musical brasileira. A tese de Itiberê da Cunha é que o compositor erudito não deverá se servir da temática popular, e sim, criar de conformidade com ela os seus temas e motivos rítmico-melódicos. Não sou tão exclusivista como ele; acho perfeitamente admissível que um compositor se sirva de temas populares. São inumeráveis as peças que eu poderia citar justificando perfeitamente este meu maior liberalismo, e certamente Itiberê da Cunha, que tem vasta cultura musical, as conhece melhor que eu. Mas, por outro lado, reconheço que a doutrina defendida por ele não apenas é defensabilíssima, como é a mais pedagogicamente aconselhável. O emprego da temática popular tem defeitos vários. E entre estes, não é o menor, para quem como eu adora a música do povo, a deformação fatal imprimida aos temas folclóricos, que, assim revestidos de roupagem erudita, ficam parecendo certas moças caipiras, boas colonas e rijas capinadoras de café, no dia do casamento, coitadas! Mas não é menor mal, ao compositor erudito, o perpétuo convite à facilidade que semelhante liberdade traz. Apóia-se ele na riqueza incomparável do povo, e limita esse suplício que é inventar. A invenção fica limitada à roupagem harmônica, à superposição de alguns ritmos, e pouco mais. E além disso, a composição culta usando da temática popular não adianta um passo na criação de constâncias de ritmo e de melodia, que definitivamente nacionalizem, inconscientemente nacionalizem, a nossa música erudita. E por estas muitas razões a imagem de crítico musical que eu tinha de Itiberê da Cunha não se prejudicou por sabê-lo também compositor. Antes se completou de novas qualidades.

MÁRIO DE ANDRADE
Revista do Brasil, 3ª fase, ano 2, n° 13,
julho 1939, p. 94-95

Com a abertura
deste mascarado
inverno carioca

Com a abertura deste mascarado inverno carioca, tão estival que dá vontade de escrever *hynverno* para que ele fique um bocado mais frio, as grandes águias do piano vêm pousar nesta beirada marinha. Brailowsky, Simon Barer e outras espécies sonoras de penachos. Ah, mas como as minhas associações de imagens me atormentam... Chamei-lhes *águias*, a esses sublimes perigos, e foi com a mais sincera e musical vontade de exaltar, porém não sei já que velhas, que irredutíveis convicções estéticas me deixaram na boca o ressábio azedinho, não mais das águias inacomodáveis, mas dos *águias* da esperteza universal. É uma pena.

Sim, que grandes pianistas são esses! Que sensibilidades incomparavelmente ricas e que técnicas de causar assombro!... Mas, até que ponto essas águias de fecundo outono serão também os águias de falso inverno? É doloroso que artistas tão possivelmente grandes se assemelhem assim a este nosso inverno de *villegiatura*, sem fomes, sem perigos nem pavor. Eu, no meu irredutível anseio de admirar, os teria desejado mais definidos, mais climatologicamente catalogáveis dentro da arte verdadeira. Mas parece que as exigências da... da... do quê?

114 Mário de Andrade

Meu Deus! Faz esses grandes preferirem se colocar dentro das vaidades do mundo.[1]

É possível reconhecer que o princípio mesmo da grande virtuosidade é um vício, uma imoralidade. Quero dizer, a virtuosidade, que conceitualmente podemos considerar sinônimo de artesanato, é um elemento absolutamente necessário não só para o artista criador ou intérprete, mas simplesmente como elemento de vida. Cada um de nós tem de ser um virtuose do seu ofício; vou mesmo além e afirmo que cada um de nós tem de ser um

---

[1] Na presente crônica, enquanto Mário de Andrade trabalha certos conceitos de estética e filosofia da música, aproveita também o espaço para retomar a questão do virtuosismo – ideias já defendidas em outros textos, diversas conferências e até mesmo no projeto da reforma do Instituto Nacional de Música do Rio de Janeiro. Defensor de uma pedagogia musical que, além de preparar os diversos profissionais músicos formasse plateias e musicalizasse pelo prazer, Mário de Andrade é indicado para compor a comissão que planeja a reforma da instituição musical mais conhecida daquela época. Trabalhará ao lado de Antônio de Sá Pereira e Luciano Gallet, partindo do princípio de que o bom artista é, na verdade, um artesão, ou melhor, que, além de dominar a técnica não deve cair no perigo do virtuosismo – virtuosidade essa que o deturpa, "desbatando-o de disciplinas essenciais", sendo "a mais precária como elevação moral, a mais parasitária como função social, e a mais individualista, mais internacional (...) e contrária ao conceito do Estado, suas funções e necessidades primordiais." (ANDRADE, Mário de. *Projeto de reforma da organização didática do Instituto Nacional de Música*. Autógrafo a lápis preto, s/d., sem assinatura, 45 páginas numeradas. Série Manuscritos MA, Arquivo Mário de Andrade, IEB/USP) Malgrado o projeto, Mário volta a defender tais conceitos em "O artista e o artesão" – aula inaugural dos cursos de Filosofia e História da Arte do Instituto de Artes da Universidade do Distrito Federal, em 1938.
E se, em 1933, nas páginas do *Diário de S. Paulo*, o crítico atacara o problema ao focalizar as apresentações de Brailowsky ("toda a brilhação, todo o malabarismo, toda a violência de contrastes, toda a grandiosidade meia sem razão" vistas no virtuose) aqui, o fará através de Simon Barer. (ANDRADE, M. *Música e Jornalismo: Diário de S. Paulo*. Introd. e notas Paulo Castagna. São Paulo: Hucitec, Edusp, 1993, p. 18).

virtuose da vida. Não como elemento de luta pela vida, e muito menos como elemento de competição para predomínio do mais forte, mas exatamente como elemento vital, como expressão e realização do ser. Neste sentido exclusivamente é que a virtuosidade é um elemento moral.

Desgraçadamente são muito raros os seres humanos que desejam apenas viver... A educação infantil, esta parte técnica da vida em que o homem até hoje está atrasadíssimo, talvez mais atrasado que muitos dos irracionais, converte desde logo a concepção do viver, de se realizar, se expandir, numa imagem de luta e de conquista. De forma que o homem não quer mais saber da virtuosidade como técnica de viver. O que ele pretende é a conquista, é a vitória sobre os demais, e para isto a virtuosidade não é suficiente, faz-se necessária a "alta" virtuosidade. E assim a vida parte inicialmente de um vício de viver, de uma vasta imoralidade, de um falso inverno.

Aplicado este princípio ao terreno da arte, quer do ponto de vista expressional da sensibilidade, quer do meramente técnico, a alta virtuosidade se desencaminha e principia a ter a sua finalidade em si mesma. E as águias se transformam nos águias contraditórios e deploráveis. Já nem quero falar de Brailowsky, mas esse grande Simon Barer... Que técnica assombrosa, incompreensível, desumana! Que inervação de absurda fatalidade, metálica, mecânica, tripudiando sobre a nossa fragilidade humana! Uma rapidez assim clara e assim vertiginosa foi coisa que jamais ouvi.

Mas Simon Barer não é apenas técnica miraculosa, longe disso. Se a sua sensibilidade, se a sua interpretação não nos transporta desde logo para as guanabaras[2] de uma personalidade inconfundível; se antes ele nos parece geral e comum, compreendendo as obras como nós, sendo um de nós, de repente a gente se percebe escravizado, e descobre que estamos no mais alto domínio da interpretação artística. Assim, no seu último recital, depois de um Bach e um Scarlatti apenas admiráveis, eis que, numa simplicidade, numa profundeza inesquecíveis, sem nada de supérfluo ou decorativo, o genial pianista nos deu um *Carnaval* supremo.[3] Mas o meu amigo filósofo, que pronuncia muito mal o francês, ao repetir muitas vezes por dia a sua madrigalesca interpretação dos defeitos do mundo, em vez de dizer "cherchez la femme", lhe sai sempre da boca um marxista "cherchez la fome". Por mais que eu já me tenha dito muitas vezes que "fome" não é palavra francesa e não tenho o direito de meter uma palavra portuguesa em filosofia assim tão parisiense, não há jeito de consertar meu sentimento, e entendo na frase do meu amigo filósofo que no desígnio de todos os defeitos humanos há que procurar a fome. Uma fome qualquer, está claro, há diversas fomes. E o virtuose despluma-se, despenacha-se todo, suas asas se encurtam em bracinhos curtos, o peito generoso da águia vira barriga, o olhar penetrante, genialmente altivo, da grande ave, tem brilhinhos saltitantes de olho de papagaio, o virtuose toca uma arquimalabarística paráfrase

---

2   Ver crônica "O correio, suculento de invejas", nota 20; a palavra, aqui, ganha o sentido de liberdade.

3   Trata-se do *Carnaval op.* 9, de Schumann, peça tocada no último concerto do pianista, no Rio de Janeiro, em 25 de junho de 1939. A apresentação trouxera também *Fantasia cromática e fuga* de Bach; uma *Sonata* de Scarlatti; um *Scherzo* de Chopin; *Valsa mignon* e *Corisco* de Barrozo Netto; *Sonho de amor*; *Campanella* e a paráfrase *Don Juan – Fantasia* de Franz Liszt.

de Liszt, do pior, do mais amaneirado Liszt, deformando as melodias sublimes do Don Juan de Mozart. Essa e várias outras insuportáveis campaneladas. É de chorar de desespero. O público delira, o público aplaude, o público grita, o público publica! A fama do virtuose agora corre mundo, entra nas mercearias, nas casas de modas, nos halls chiques, nos bancos, no último andar dos arranha--céus, nas chaminés, nos esgotos. Holofotes ultrapossantes transmitem o retrato do virtuose para o corpo balofo e gordachão das nuvens. Olha a nuvem como está engraçada! Uma nuvem com sombras pretas nos lados e por baixo, que até parece uma casaca preta, gorda como a infidelidade, cercando o brilho alvíssimo de um peitilho branco. Será um homem? Será um deus? Será um artista? Não! É um banqueiro. É um banqueiro célebre, é um multimilionário que fabricou farinha com anilina, café com alfafa, e ouro com as ferragens dos fordes velhos. E a nuvem se dissolve aos poucos, sem bases, sem arcabouços, enquanto a multidão grita, berra, salva, aplaude, dá cabeçadas no chão, patadas no ar, geme de gozo e de fúria, na deslealdade deste falso inverno.

MÁRIO DE ANDRADE

Revista do Brasil, 3ª fase, ano 2, nº 14,

agosto 1939, p. 97-98

O salão da Escola Nacional de Música regurgitava de ouvintes

O salão da Escola Nacional de Música regurgitava de ouvintes como nunca. A comoção ardia em todos nós, o entusiasmo, o sorriso; e tudo pela graça misteriosa e invencível da criança. Gente de pé, gente se acotovelando sem cólera nem vício, até mesmo fora do recinto da audição. No palco, disposto para orquestra e banda, um turibular de perninhas balouçantes, outras mal roçando o solo, só crianças! Um violetal de crianças com suas carinhas apenas entrevistas na folhagem densa dos violinos, violas, violoncelos, flautas, clarinetas, arcos, músicas nas estantes, com, apenas, de longe em longe, o espeque de algum adolescente espinhento, mamando seu instrumento de metal mais pesado. E em meio a esse mundo, já sublime por si mesmo, a jardineira sensível, Joanídia Sodré, ardorosa, dedicadíssima, entusiástica, gesticulando firme na regência, valorizando todo aquele mundo nos melhores perfumes musicais, Haendel, Mozart, o *Hino Nacional*...[1] Raramente já senti neste Rio de Janeiro, onde a música individua-

---

1   Joanídia Sodré apresenta-se com sua orquestra composta de "perninhas balouçantes" a 16 de setembro de 1939, na Escola Nacional de Música do Rio de Janeiro. Do programa constam peças como *Variações sobre um tema brasileiro* de Francisco Braga; *Tango brasileiro* de Sá Pereira e a *Série brasileira* de Alberto Nepomuceno (Série *Programas Musicais Brasileiros*, Arquivo Mário de Andrade. Arquivo MA, PMB nº 845, IEB/USP).

lista e a virtuosidade dominam com seu infecundo esnobismo, uma tão profunda, tão social comoção de arte. Foi realmente um momento esplêndido de solidariedade humana; e a verdadeira felicidade, sem ambições, sem egoísmos pessoais, arrebatara todos, ouvintes como executantes, para não sei que mundos apenas sonhados de igualdade e desprendimento. E colaboração. É possível a gente imaginar que Toscanini dirigindo a Sinfônica de Boston fará música mais virtuosisticamente perfeita. Mas naquele mundo inteiro de ouvintes e executantes que Joanídia Sodré comandava, existia essa coisa, pouco humana em geral, que se chama colaboração humana. Os ouvintes colaboravam. E este é um eterno princípio de arte, um elemento que só foi abandonando a música à medida que a virtuosidade sobrepujou a conceituação congregacional da arte sonora. E como o congregacionalismo dominava a multidão que se ajuntara na Escola Nacional de Música, aquelas crianças, pela primeira vez reunidas em orquestra, realizaram o mais grandioso Haendel, o mais delicado Mozart, o mais brasileiro *Hino Nacional*, que nunca ouvi.

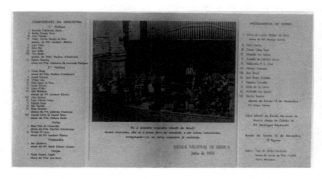

Eu creio que a Escola Nacional de Música, graças à sábia orientação atual e à dedicação modesta da professora Joanídia Sodré, acaba de dar um passo muito acertado para o adiantamento das artes musicais entre nós.[2] O simples fato de acostumar essas crianças, ainda facilmente moldáveis, ao exercício coletivo da música, é um grande golpe na falsa virtuosidade que ainda domina entre nós, como em quase todos os países latinos ou de sangue alatinado. Está claro que o golpe só será eficaz se tiver continuidade e constituir costume mais ou menos frequente. Talvez a única coisa que se possa, não

---

2   Em 1939 Antônio Sá Pereira é o diretor da Escola Nacional de Música, cargo que será ocupado anos mais tarde pela própria Joanídia Sodré.
Crítico mordaz do individualismo e da "virtuosidade romântica" que sempre assombrou os meios artísticos da época, o cronista viu, neste concerto, indícios de novos rumos musicais no país, como evidencia no texto da *Revista do Brasil*.
Mário, que na crônica *O pai da Xenia*, de 30 de dezembro de 1927, chega a mostrar, sempre com muita ironia, a questão da deturpação que movia a educação musical dos "petits enfants" (ANDRADE, M. "O pai da Xenia". *Música, doce música*. São Paulo: Martins, 1963) não esconde o horror ao gênio que carregou consigo até a morte; fato este evidente em toda sua produção jornalística e que, não obstante, se estendia "a todos os artistas na fase histórica onde a brasilidade necessitava ser construída" (COLI, Jorge. *Música Final: Mário de Andrade e sua coluna jornalística Mundo Musical*. Campinas: Editora da Unicamp, 1998, p. 18).

propriamente censurar nesta primeira tentativa, mas usar menos no futuro, é a utilização do solista. Foram adoráveis os dois solistas da tarde, e a concepção solo com orquestra não deixa de ser eminentemente social (de resto, o próprio virtuose bem compreendido usa do elemento congregacional com seus ouvintes...), mas se a valorização do mais hábil se sistematizar, o trabalho de recolocação da música em seus mais exatos princípios será mais lento e sempre prejudicado pelo ideal de predomínio no espírito das crianças. E de seus pais, o que é pior! Só aos indivíduos adultos, bem orientados desde a infância, o elemento solístico não prejudicará. E creio ainda que, no caso de utilização de solistas, se deverá sempre cuidar que estes toquem com música na frente. O vício de tocar exclusivamente de cor é concomitante da decadência musical, que trouxe a divinização da virtuosidade na civilização contemporânea. Seria utilíssimo que se voltasse ao costume de ler música nos concertos. Tocar de cor é, socialmente falando, uma desonestidade moral. De um lado o artista, que corre o perigo de esquecer, encara a execução e o seu público como barreiras que ele terá de vencer, e não de apenas conduzir para um ideal artístico de prazer comum. O artista abdica do seu prazer, trocando-o pela volúpia desonesta de uma vitória a conquistar. E disto derivam falsificações e cabotinismos inumeráveis. Por outro lado, a assistência é mais levada a admirar que a escutar. Encara o virtuose como encara um jogador de boxe. Não é mais uma assistência que comunga na arte, mas que torce por um lutador. E geme na torcida!

Muitos méritos aliás advirão da Escola Nacional de Música sistematizar estas orquestras infantis. A educação musical é porventura das mais defeituosas entre nós.

Ou deficiente por demais nos grupos escolares, ginásios e universidades, ou egoistamente virtuosística nos conservatórios. Nem tanto nem tão pouco. A música, como aliás qualquer disciplina, tem de ser ensinada o bastante para que qualquer um a possa fazer suficientemente boa, de forma a que ela se possa tornar uma expressão, uma constância vital do ser, tanto individual como social. A melhor, a mais profunda e verdadeira música, a que não desmente as suas origens nem mente aos seus ideais, não será nunca a que se faz no palco, mas a que se faz nas escolas, nos clubes, nos lares, nos bairros, nos templos.[3] A criança que se acostuma à execução coletiva é o ser preparado para esta mais verdadeira música. Porque ela recebe desde o início a música como elemento de vida. E não de subsistência, com se faz entre nós...

MÁRIO DE ANDRADE
Revista do Brasil, 3ª fase, ano 2, nº 15,
setembro 1939, p. 74-75

---

3   Anos depois, a 08 de julho de 1943, em carta à Alba Figueiredo – esposa de Guilherme Figueiredo – Mário desabafa: "Os conservatórios não criam música, criam gênios, não visam a vida cotidiana, visam o palco, a multidão, o êxtase. Só se forma nos conservatórios quem toca tantos prelúdios e fugas, tantas sonatas, tantos estudos. Quem é formado por um conservatório está na obrigação moral e pública de tocar as peças dificílimas do repertório. O resto deprecia, rebaixa. (...) Todos bichos ensinados pra empinar num palco. Todos com o seu Rossini, seu Liszt, seu Paganini na unha ou no beiço" (*Idem, ibidem.* A Carta de Alba, p. 63).

Nós celebramos este ano

Nós celebramos este ano o centenário natalício de Mussorgsky, e os cinquenta anos que se passaram depois que ele morreu foram suficientes para que o gênio se firmasse como a personalidade mais representativa da contribuição russa para a música universal. Partidário apaixonado de uma expressão nacional da música russa, utilizando-se dos processos usuais de nacionalização musical, inspirações literárias, melodias e ritmos folclóricos, o que mais caracteriza e individualiza a contribuição de Mussorgsky para o problema do nacionalismo musical talvez seja o seu realismo. Ninguém mais hoje discute a extraordinária força realística das obras principais de Mussorgsky, do seu *Boris*, da *Khovantschina*, das canções e dos *Quadros de uma Exposição*, nem a importância enorme que isso teve no desenvolvimento histórico da música europeia. Esteticamente esse princípio realístico, que domina a obra de Mussorgsky, é um vasto e incontestável defeito; mas esse músico paradoxal, pouco conhecedor, tanto técnica como intelectualmente, da sua arte, ia tirar justamente do seu erro estético e da sua pobreza de conhecimentos musicais um dos caracteres principais da sua grandeza e a sua participação mais fecunda na música universal.[1]

---

1   Tempos mais tarde, Mário de Andrade voltará ao assunto em três artigos de sua coluna "Mundo Musical" do jornal *Folha da Manhã*,

Não há dúvida nenhuma que desse realismo a que Mussorgsky se prendeu deriva o pior sentido da sua música, o seu descritivismo estreito, desprezador das formas intrinsecamente musicais e da própria expressividade sonora em si, desrelacionada e específica. Ainda mais, seria possível ir buscar nos... urros sublimes de *Boris* a base ainda pura e não desvirtuada dos exageros, já agora meramente sentimentais, do verismo. Mas afora essa descritividade e esses ululos arrancados das entranhas de uma cor quase macabra, havia no realismo musical de Mussorgsky um elemento que, sem ser propriamente novo em música, ele realizou com uma humanidade incomparável: a transposição musical da palavra falada, por meio do recitativo.

Já o canto gregoriano da Igreja Católica, voluntariamente ou não, realizara uma expressão silábica de recitativo perfeitíssima, que se conserva inigualada até hoje quanto a realismo rítmico da fraseologia. Só em seguida, já no século XVII, com os músicos humanistas da camerata de Giovanni Bardi, é que o conceito do recitativo se especializa e toma esse nome, pretendendo os músicos "recitar cantando", converter em sons musicais as inflexões fonéticas e psicológicas da frase falada. Pouco fizeram, aliás, nesse sentido, presos à estreiteza de um convencionalismo duro de fórmulas e cadências melódicas, que ou se estratificou nos recitativos *a secco*, sem o menor interesse musical, ou, com os maiores, como Carissimi e Monteverdi, se disvirtuava, melodizando com liberdade dentro de melhores princípios musicais.

em 1943: "Ao Dnieper", de 30 de setembro de 1943; "Mussorgski", de 07 de outubro de 1943; "Boris Godunov", de 21 de outubro de 1943 (COLI, J. *Música Final: Mário de Andrade e sua coluna jornalística Mundo Musical*. Campinas: Editora da Unicamp, 1998).

Wagner, retomando o princípio do recitativo, já em pleno realismo romântico, lhe deu uma vida prodigiosa, um caráter admirável, mas que era menos um realismo que uma solução germânica e em grande parte essencialmente pessoal de dicção melódica. E, de resto, havia uma contradição profunda na concepção estética de Wagner, pois que o seu recitativo, embora incontestavelmente musical, era musicalmente desnecessário, pois, concentrado exclusivamente na orquestra o realismo musical do drama lírico, a orquestra podia executar sozinha a sua música, levada para o concerto, despojada do recitativo e da contribuição vocal, sem que a música e sua realidade expressiva perdesse nada do valor próprio.

Foi nisto que Mussorgsky, por certo inspirado nas doutrinas de Wagner, veio trazer a sua solução nova, a sua expressão pessoal, muito mais exata e fecunda que a de Wagner. O seu recitativo, nas suas canções como nas óperas, sendo, pelo dizer dos que conhecem o russo, de um rigor fonético prodigioso, era ao mesmo tempo de um valor humano, de um vigor psicológico muito mais universalizável que o wagneriano. E ao mesmo tempo nele é que se restringia a principal essência musical das suas criações, e não na orquestra. Neste sentido, talvez seja Mussorgsky o músico mais "vocal" que existe, mais vocal que os próprios italianos, pois é possível a gente imaginar a transcrição de uma ária de Mozart ou de Rossini para instrumento, ao passo que não é possível imaginar os lamentos de *Boris* ou as frases infantis de Mussorgsky sem a contribuição da voz humana.

Este foi o sentido em que o gênio conseguiu, dentro do erro de uma concepção realística da música, dar ao seu realismo uma musicalidade intrínseca, absoluta, insofismável. Os seus *lieder* infantis, os recitativos das suas óperas, podem ser expressões estreitamente fonéticas e psicológicas de dizer: eles se conservam, conjuntamente, especificamente musicais, insofismavelmente vocais, melódicos e melodiosos por excelência, e de uma sublime beleza sonora.

MÁRIO DE ANDRADE
Revista do Brasil, 3ª fase, ano 2, nº 16,
outubro 1939, p. 85-86

A música na República

Faz cinquenta anos que a República nasceu. Perfeitamente. A situação em que ela veio encontrar a música no Brasil era bastante animadora. Os elementos estavam todos preparados para se criar aqui uma música republicana, que refletisse de alguma forma a consciência democrática da América e fosse a voz fidelíssima da nossa entidade nacional.[1]

Na realidade, nós ainda vivíamos (se é que ainda não vivemos...) sob a tutela espiritual da Europa, porém mesmo na lição da música europeia já havia exemplos estimulantes de nacionalização musical. Na Rússia já o *Grupo dos Cinco* era um caso decisivo, que em pouco tempo dera à composição nacional um caráter próprio e uma função social muito mais necessária e profunda. E ainda havia o caso Wagner e o caso Brahms, que estavam tornando a música alemã violentamente imbuída dos caracteres germânicos, lhe retirando aquela tão perfeita liberdade, apropriativa de elementos latinos, que fizera de Bach e de Mozart as mais altas vozes musicais do mundo. É certo que Albéniz e Granados ainda estavam apenas se

---

1   Este é um resumo do ensaio do musicólogo "Evolução social da música no Brasil", publicado no mesmo ano (1939) e recolhido, dois anos depois, em *Aspectos da música brasileira* (São Paulo: Martins, 1965). A crônica também alude ao prefácio escrito por Mário de Andrade para *Modinhas imperiais*, obra publicada em 1930.

ensaiando, mas os exemplos da Alemanha e da Rússia eram categóricos. E, de fato, beneficiando da primeira vaga nacionalizadora, que no Segundo Império produzira a forte ação social de Francisco Manuel e as tentativas ainda desorientadas de Carlos Gomes, dois músicos, já de produção republicana, iriam seguir, esteticamente, a lição russa do *lied* germânico, buscando nas fontes populares as bases rítmicas e melódicas de sua criação. Eram Alexandre Levy, que morreria prematuramente em 1892, e Alberto Nepomuceno, que só viria morrer em 1920, com 56 anos, e se tornou o protótipo, a manifestação característica da aspiração musical nacionalista da primeira fase republicana.

Mas não era somente a lição europeia que incentivava a música da República a se tornar expressiva da nossa adaptação ao espírito democrático da América e da nacionalidade. Outros elementos havia, ainda mais propícios. O mais importante de todos era a rápida fixação das tendências e das constâncias musicais folclóricas do nosso povo. É muito difícil, para não dizer impossível, determinar já agora a evolução histórica da nossa música popular. Faltam documentos escritos e faltam monumentos garantidamente antigos, transmitidos por tradição oral. O que se pode inferir da pequena documentação ficada é que a música popular brasileira só conseguiu se constituir durante o século passado, mas, assim mesmo, ainda muito vagamente característica. A bem dizer, ainda não apresentava caráter que a distinguisse imediatamente de qualquer outra. Apenas alguns elementos, alguns motivos rítmico-melódicos começavam a se reproduzir com mais frequência. A modinha ainda era demasiadamente "de salão", e presa a elementos eruditos que a desnorteavam. Só num ou noutro documento modinheiro do Império, se percebe uma certa cor, bastante indefinível, pouco objetiva, de melodia, que profetiza as nossas modinhas populares republicanas. Um documento mato-grossense, registrado por Martius, bem como um lundu para piano ("de salão", infelizmente), mostram que nos fins da Colônia e no Primeiro Império a sincopação já era sistemática, nas músicas populares de caráter coreográfico e rural, de base negra. Mas, desnorteadoramente, se vamos procurar nas quadrilhas impressas do Império documentos populares que então era costume às vezes introduzir nelas como tema, só encontramos melodias muito pobres e sem nenhum caráter nacional.[2]

No fim do Império, porém, esta caracterização nacional se apressa rápida. Alguns documentos negros ou afro-brasileiros do álbum de Friedenthal, o fenômeno da fixação do maxixe, que se deu pouco antes de 1880, a temática sulista empregada por Alexandre Levy, bem como a nortista usada por Nepomuceno, se ainda não demonstram aquela instintividade nacional de uma mo-

---

2   Gênero que se difundiu simultaneamente no Brasil e em Portugal, as modinhas brasileiras, pelas diferenças estilísticas que apresentavam em relação às modinhas portuguesas, estariam, por assim dizer, entre os primeiros produtos musicais brasileiros, cujo valor Mário de Andrade assim descreveu: "O maior mistifório de elementos desconexos. Influências de toda casta, vagos apelos raciais, algumas coisas boas, um poder de ruins e péssimas, plágios, adaptações, invenções adoráveis, apenas conjugados num ideal comum: a doçura. Era justo que passasse de moda, porém teve significado importante na complexidade musical brasileira e deixou obras gentis. Pelo papel que representou faz parte imprescindível dos nossos estudos etnográficos". (ANDRADE, M. *Modinhas imperiais*. Belo Horizonte: Itatiaia, 1980, p. 5).
Os documentos levantados por Martius e Friedenthal foram citados por Mário de Andrade com base em duas obras: SPIX e MARTIUS. *Reise in Brasilien*. Munique, 1831; FRIEDENTHAL, Albert. *Stimmer der Völker*. Vol. VI (Brasilien). Berlin: Schlesingersche Buch und Musikhandlung (*Idem, ibidem*, p. 17).

dinha, de um samba, de uma embolada atuais, demonstram suficientemente que os músicos da República já encontravam no povo base larga para a nacionalização das suas obras. Mas não foi o que se deu, e a primeira fase republicana, apesar dos esforços isolados de Nepomuceno e Levy, apresenta uma música ainda muito pouco funcional, nada brasileira, aristocrática e agressivamente individualista. Realmente, por mais valiosos que sejam um Henrique Oswald, um Leopoldo Miguez, um Glauco Velasquez, João Gomes de Araújo, Francisco Braga, Barroso Neto (este dois em sua primeira maneira), que são os músicos representativos da primeira fase republicana, a obra que então fizeram não correspondia nem ao sentido democrático nem nacional que a República viera definir, com bases mais necessárias. Francisco Braga e principalmente Barroso Neto, felizmente vivos, ainda souberam compreender gloriosamente a lição nacional que nos nasceu, não na Segunda República, mas do após-guerra mundial, e nacionalizaram mais intimamente as suas obras, nossas contemporâneas. E o próprio Vila-Lobos, que se pode dizer nasceu com a República (1890), viveu de primeiro em plena ausência do Brasil, só fixando sua orientação nacionalizadora depois de 1920. Ainda em 1922, quando da Semana de Arte Moderna, tempo em que o "regionalismo" de Monteiro Lobato e da primeira fase da *Revista do Brasil* já passara em julgado com aplauso de todos, e nós, os "modernistas", avançamos mais, pretendendo escrever em... brasileiro, as peças que Vila-Lobos apresentava como mais avançadas eram o admirável *Quarteto Simbólico*, a sinfonia *A Guerra, o Naufrágio de...* um grego que não me lembro agora o nome. E o que ele mostrava de mais nacional eram as três *Danças... Africanas*. Apesar de alguns possíveis enganos

nos datar as suas próprias obras, é incontestável que só depois da Semana de Arte Moderna Vila-Lobos começou imediatamente a construir o monumento genial da sua criação brasileira.[3] E por tudo isto se percebe que o advento da República não teve função bastante para dar à música do país um significado mais necessário, mais funcional. Mas por certo a culpa não cabe inteiramente à República. Caberá mais aos músicos, que vivem no mundo da lua, lidando com sons, ritmos e pautas, que jamais tiveram sentido intelectual. Em geral os músicos pensam um pouco mais tarde que os outros homens...

MÁRIO DE ANDRADE
Revista do Brasil, 3ª fase, ano 2, n° 17,
novembro 1939, p. 78-79

---

3   Mário se refere à obra *Naufrágio de Kleônikos*. A questão dos prováveis erros de datação nas obras de Vila-Lobos será retomada pelo musicólogo nas páginas da *Folha da Manhã*, a 25 de janeiro de 1945. Em artigo no qual comenta as análises de Lisa Peppercorn sobre Vila-Lobos, Mário de Andrade chega a afirmar que desde muito se sente "na obrigação de duvidar das datas com que o grande compositor antedata muitas das suas obras, na presunção de se tornar genial pioneiro em tudo". (COLI, J. *Música Final: Mário de Andrade e sua coluna jornalística Mundo Musical*. Campinas, Ed. Unicamp, 1998. Vila Lobos (I), p. 171)

Os concertos ainda continuam se amontoando

Os concertos ainda continuam se amontoando uns sobre os outros neste final de temporada. Como sempre, é a virtuosidade individualista que domina, raro uma tentativa coletiva mais interessante aparece. E como sempre é o piano que vence, pianistas, pianistas, pianistas, femininos e masculinos, maiores e menores de idade, com uso de razão e sem razão nenhuma. No geral é tudo uma neblina sonora mais ou menos multicor e agradável, mas neblina, incontestavelmente neblina. Personalidades indistintas, vagamente diferençadas entre si, que alimentam com algumas vitamininhas discretas o crescimento artístico da cidade. Mas que, como vitaminas que são, só mesmo com os enormes microscópios da gentileza a gente pode perceber e classificar: "pianista A", "vitamina B", "micróbio C", e assim por diante.[1]

De forma que quando aparece um músico da altura de Thomás Terán a vida se reanima, é a clareira, abre-se um claro na floresta escura, e o sol fecunda o passo dos caminhos. Quase como no verso de Bilac.

---

[1] De fato, em fins de 1939 predominam, na noite carioca, concertos de pianistas já consagrados ou ainda alunos da Escola Nacional de Música, como os de Adolfo Tabacow, Iara Coutinho, Souza Lima, Vera Cruz Pientznauer, entre outros. (Série *Programas Musicais Brasileiros* – Arquivo MA/IEB/USP; *Revista Brasileira de Música*, Rio de Janeiro, Imprensa Nacional, vol. VI, 1939).

136   Mário de Andrade

Já sem metáforas: o concerto do pianista Thomás Terán, organizado em outubro pela Escola Nacional de Música, soube ser uma grande lição de arte pianística para todos nós, foi uma admirável noitada de beleza musical. Thomás Terán apresentou-se em plena forma, com uma maturidade, com um domínio altivo da música e do instrumento.[2]

Fazia muitos anos já que eu não escutava este pianista espanhol conquistado para a nossa música e que hoje nos compreende como raros e se integrou profundamente em nossa vida. Se a impressão que sempre tive dele foi muito grande, confesso que desta vez ela ainda aumentou. Me parece que o grande artista abandonou um pouco aquele aspecto didático, ou melhor, doutrinário, que, por uma reação natural contra as facilidades do ambiente, ele imprimia a certas execuções suas, principalmente de espanhóis. Assim como a nós nos irritam muito, às vezes, certas interpretações que estrangeiros fazem do Brasil (ah! Nunca mandarei suficientemente ao diabo umas *Brasilianische Rhapsodien* do sr. Walter Niemann!...), também a Thomás Terán havia necessariamente de desagradar certa Espanha decorativa, somente " du sang, de la volupté et de la mort", que a música universal nos dava. Contra isso ele reagiu com energia, mas não sem a consequência de, nos primeiros tempos, nos dar uma Espanha musical, um Albéniz, um Falla, um

---

2   A apresentação do pianista ocorreu no dia 18 de outubro de 1939, executando peças como: *Sonata op. 26*, Beethoven; *Estudos sinfônicos*, Schumann; *La puerta del vino*, Debussy; *Lenda sertaneja nº 7* e *Crianças brincando*, Francisco Mignone; *Alma brasileira*, Vila-Lobos; *El albaicín* e *Navarra*, Albéniz.
No interior do programa, a seguinte dedicatória de Thomás Terán ao musicólogo: "Para el querido/Mario de Andrade./Con la mayor admi-/racion/Tomás Terán./18-10-939.//".

Sejamos todos musicais

pouco doutrinários, despidos daquele fulgor alucinante que lhes davam o incorrigível Rubinstein, e a... igualmente incorrigível Magda Tagliaferro.

Mas eu confesso que preferia naqueles tempos estes esplêndidos incorrigíveis, com as suas profundas volúpias. Desta vez, porém, Thomás Terán nos deu uma Espanha realmente mais integral. Já não falo da *Navarra,* que foi um verdadeiro esplendor. Isto é: falo sim, porque foi justamente nela que o pianista mais nos demostrou essa paradoxal e enorme maturidade em que está. Com efeito, Thomás Terán se apresenta agora ao mesmo tempo muito cauteloso e de uma audácia luminosa. As sua peças estão trabalhadíssimas, cuidadas nota por nota, não só quanto à técnica, como quanto à própria interpretação. Esse cuidado infalível é que lhe dá atualmente certos requintes particulares de interpretação, certos tecidos nuançados de uma delícia maravilhosa nos detalhes, como no *Tema com Variações* da sonata de Beethoven, no último tempo da mesma e no *Albaicin.* Esta peça de Albéniz, então, foi incomparavelmente rica de ambientes diversos, de planos sonoros, de carícias de detalhação, um verdadeiro painel, um panorama hispânico de raro encantamento.

Mas a mim sempre me pareceu que o intérprete, por mais respeitoso que seja dos seus autores, por mais cuidadoso das execuções, por mais cauteloso, deve sempre ter consigo a consciência do abismo. Esta consciência do abismo é que lhe permitirá se atirar no dito, quando for ocasião disso. A *Navarra*, por exemplo, a *Marcha Fúnebre* da sonata de Beethoven já em outro sentido, bem como certas variações das *Sinfônicas* de Schumann, são justamente momentos de abismo, momentos em que, se o intérprete temer pela sua própria vida ou pela integridade da música escrita, tudo se dilui na... na tal de neblina a que me referi atrás. Certinho mas sem gosto. O esplendor com que Thomás Terán nos revelou *Navarra*, a originalidade vigorosa com que ritmou o final das *Variações Sinfônicas* e fraseou a *Alma Brasileira*, ainda o final e a *Marcha Fúnebre* da sonata, foram desses momentos abismais de música, como não ouvi outros melhores, mais intensos, mais profundos, com os virtuoses estrangeiros que nos visitaram este ano.

Thomás Terán está realmente executando como um músico. Se as suas qualidades pessoais de pianista, o caráter da sua sonoridade, a sua tão original firmeza rítmica, se acrescentam dessa alta virtuosidade criadora que lhe dá ao mesmo tempo audácia e cautela, o que ainda mais me agradou no seu concerto recente foi a autoridade de todas as suas execuções. Essa força de concepção unida e de revelação das obras, que torna agora insofismáveis as suas interpretações: quer idênticas às nossas quer não, claras, simples, comodamente verdadeiras.

MÁRIO DE ANDRADE
Revista do Brasil, 3ª fase, ano 2, n° 18,
dezembro 1939, p. 87-88

Sejamos todos musicais 139

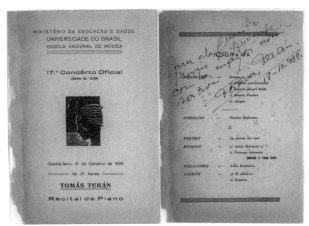

"Programa de um dos concertos realizados pelo pianista Tomás Terán em turnê pelo Brasil em 1939, assinado e dedicado a Mário: "Para el querido/Mario de Andrade/con la mayor admi/racíon./Tomás Terán//" (Arquivo Mário de Andrade, série Programas Musicais Brasileiros, nº 856, IEB/USP)

Agora eu vou fazer o elogio da canção popular

Agora eu vou fazer o elogio da canção popular. Luís da Câmara Cascudo, nesse livro importante sobre *Vaqueiros e Cantadores* que acaba de publicar, teve a boa ideia de nos oferecer alguns exemplos de canções populares do sertão nordestino.[1] Elas não serão talvez mais simples, mais puras que as do litoral dessa mesma região musicalíssima do Brasil, mas são bastante diferentes, de uma outra simplicidade, de uma outra pureza. A música que os "verdes mares" banham se apresenta mais viva, mais tocada de ímpetos coreo-

---

1 Em sua biblioteca, Mário de Andrade possui dois exemplares do livro que reuniu quinze anos de vida e de pesquisa de Luís da Câmara Cascudo, apenas um com dedicatória do autor: "Ao velho macunaíma,/afetuosamente, este livro/de vozes sertanejas,/seu/Cascudo/ Natal xii de 1939//".

Mário, sempre interessado na cultura popular do país e preocupado com a formação intelectual e a orientação dos estudos folclóricos do amigo mais jovem, mesmo à distância, não deixa de tecer comentários e críticas à mais nova obra do folclorista, como mostram as cartas trocadas entre os anos de 1924 e 1944. Quando o musicólogo publica novo artigo sobre a obra *Vaqueiros e cantadores*, a 17 de fevereiro de 1944, para o jornal *Folha da Manhã*, Cascudo assim lhe escreve: "Gostei muito de um seu artigo na *Folha da Manhã* sobre o *Canto do cantador*. Espero que seja uma série e apareça em livro, melhor e maior na bibliografia especial. Vamos conversar sobre uns reparos seus ao *Vaqueiros e cantadores*. Dava resultado se fosse aí na Lopes Chaves ou aqui na rua da Conceição" (Arquivo Mário de Andrade, série *Correspondências*, ieb/usp, carta de 22/02/1944, cx. 4).

142   Mário de Andrade

gráficos, mais variada, mais rica de melodia livremente musical. A canção sertaneja prefere os andamentos pouco movidos, numa fraseologia mais livre de acentos para que a palavra possa viver em todo o seu sentido. O que musicalmente mais caracteriza o litoral do Nordeste é o coco de praia, o coco de embolada, uma dança. O sertão, mais individualista, prefere o romance, as lerdas toadas em que o cantador conta histórias miríficas, roubos de moças, touros invencíveis, cangaceiros façanhudos, ou briga nos insultos palavrosos do desafio.[2]

Ora, nos cocos a palavra interessa menos, ou quase não interessa nada, porque o melhor que se conta e todos escutam é o corpo humano se movendo na dança. O corpo é que se conta com todas as suas possibilidades e promessas, e disso é que todos querem saber. No romance do sertão o interesse é outro, e a ele a música se converte. W. B. Yeats diz muito bem, descrevendo uma mulher que canta: "Ela nos cantou o poema, e cada palavra se distin-

---

2   Como se sabe, em fins de 1928 e início de 1929 o autor das crônicas musicais realiza viagem ao nordeste a fim de estudar e colher material sobre a tradição popular e folclórica do Brasil. Assim, após um mês conhecendo e tomando notas de estados como Rio Grande do Norte e Pernambuco, o intelectual paulista chega a Natal a 14 de janeiro de 1929 e se hospeda na casa do querido amigo "Cascudinho" que, desde 1924, já o convidava para uma "visita ao norte". É ainda na terra de Câmara Cascudo, no Rio Grande do Norte, que Mário de Andrade conhece o cantador de cocos que mais lhe impressiona: Chico Antônio. Embora apresentando-se com centenas de cocos ao musicólogo, ao se despedir através dos versos de seu boi tungão, Chico provoca em Mário um "zambê gorado", emoção esta que faz o crítico revelar nunca mais se esquecer "desse cantador sublime" (ANDRADE, Mário de. *O Turista Aprendiz*. Establ. de texto, introd. e notas Telê Ancona Lopez. São Paulo: Duas Cidades, Secretaria da Cultura, Ciência e Tecnologia, 1976, p. 356).
De fato, é a ele que o intelectual dedica, já no fim da vida, os artigos, ou melhor, as "lições" (como o próprio Mário assim prefere) *Vida do cantador*, publicados na *Folha da Manhã* entre agosto de 1943 e março de 1944.

Sejamos todos musicais

guia e era expressiva, como imagino que sempre foram as palavras das canções antes que a música se tornasse excessivamente orgulhosa para se contentar em ser apenas o revestimento das palavras".[3] Esta será a crítica poética de uma verdade muito mais humana. Na canção popular a música está sempre adequada e não sofre essas vagas de predomínio ou de humilhação que o compositor erudito lhe impõe com as suas teorias. Se a música dança nas praias, ela retoma naturalmente seus direitos dinamogênicos de melodia e de ritmo, porque importa menos ao ouvinte saber, do que ver e mover-se. Mas quando, na boca do cantador sertanejo, ela é apenas um elemento de memória que permite mais facilmente guardar os "causos", ela quase desaparece para que as palavras todas se tornem distintas e vivam de sua própria expressividade, como na observação de Yeats.[4] Creio que já lembrei uma feita aquela resposta admirável de um cantador popular a Paul Lafargue,[5] quando este lhe perguntou por que cantava: "É que eu não sei nem ler nem escrever, de forma

---

3   William Butler Yeats (1865-1939): escritor irlandês com tendências místicas e ocultistas, cujas obras afirmam a existência de um mundo sobrenatural. Co-fundador do Teatro Literário Irlandês de Dublin, foi ainda político militante durante os anos de 1922 a 1928, sendo sua arte consagrada somente a partir de 1930.

4   Antônio Bento de Araújo Lima, certa vez, conta ao amigo Mário de Andrade um "caso pançudo", que leva o escritor à criação do poema *O coco do major*, presente no livro *Clã do jabuti* (ANDRADE, M. *Clã do jabuti*. São Paulo: Ed. Martins, 1927). O escritor também cita o caso no ensaio "A literatura dos cocos", presente na obra *Os cocos*. (ANDRADE, Mário de. *Os cocos*. Preparação, introdução e notas de Oneyda Alvarenga. SP: Duas Cidades; Brasília: Instituto Nacional do Livro, Fundação Pró-Memória, 1984, p. 345).

5   Paul Lafargue (1842-1911): político francês que se casou com a filha de Marx e com ela se suicidou. Foi membro da Comuna de Paris, bem como um dos maiores teóricos do marxismo francês do século XIX.

que para não esquecer este caso, fiz dele uma canção", respondeu o cantador.

E este é o segredo principal que caracteriza o rapsodismo dos romances sertanejos. A música vive revestindo as histórias de cangaço, as onças valentes, os amores fugitivos, para que os casos se guardem na memória dos homens. Será menos bonita por isso? Absolutamente não, e alguns dos exemplos dados por Luís da Câmara Cascudo no seu livro, são da maior beleza. O Departamento Municipal de Cultura de São Paulo guarda em sua Discoteca centenas de documentos do sertão nordestino; eu mesmo recolhi alguns nas minhas viagens, em que as simples melodias são lindíssimas.[6] Alguns dizem delas que são monótonas, o que me parece uma pobre confusão. A melodia em si não é monótona, torna-se monótona pelo efeito da repetição, da mesma forma que se tornam monótonos os cocos da praia, os cânticos de feitiçaria e mesmo tantos desenvolvimentos temáticos da música erudita. Até em Beethoven... Mas se em Beethoven e nos compositores eruditos esta monotonia é monotonia sem mais nada, é defeito, na música popular ela é uma necessidade intrínseca da função social que tem, quer regule os gestos dos homens nos cantos-de-trabalho, quer sirva apenas de valorização das palavras nos romances e desafios, quer contribua

---

6   Mário de Andrade se refere à coleção de melodias populares que a Discoteca Pública iniciara em 1936 com o registro mecânico e/ou manual de manifestações folclóricas documentada no Estado de São Paulo, ou fora dele. O projeto mais audacioso – a Missão de Pesquisas Folclóricas – fora concluído no momento em que o musicólogo se desligava do Departamento de Cultura, em junho de 1938. A Missão trouxe na bagagem milhares de melodias colhidas no Norte e Nordeste do país.

com seus efeitos extasiantes para a excitação sexual ou mística, nas danças e nos candomblés.

Essa a grandeza principal da canção popular: a sua necessidade. Inseparável da palavra, unida a ela numa fusão indissolúvel que não permite distinguir nem poesia nem música, ela floresce como a solução única e indispensável de numerosos problemas do homem e da sociedade, tão necessária como respirar. Ela é o respiro. O homem aspira o pesado ar dos seus cuidados, desejos e mistérios, e os expira em canção. Ela é o ar gasto e usado que traz no seu sopro vivido o que não pôde se esquecer lá dentro do homem: a experiência. Em torno do cantador os seres agrupados escutam. E revivem os casos pançudos expostos em relevo pelos sons, ou se rejuvenescem dançando, movidos pelos ritmos imperiosos.

MÁRIO DE ANDRADE
Revista do Brasil, 3ª fase, ano 3, nº 19,
janeiro 1940, p. 55

A Escola Nacional de Música

A Escola Nacional de Música, da Universidade do Brasil, acaba de editar mais uma obra orquestral brasileira, o *Imbapara*, do compositor Lourenço Fernandez. Isso me desperta o desejo de fazer algumas considerações sobre a edição de obras brasileiras para conjuntos orquestrais e de câmara.[1] A bonita iniciativa da Escola Nacional de Música, lembrada e levada avante pelo prof. Fontainha quando diretor da mesma, e agora continuada na gestão do prof. Sá Pereira[2], é de uma es-

---

1 Mário de Andrade, apesar de possuir inúmeras partituras do compositor brasileiro em seu acervo, não chega a obter o *Imbapara*. As obras reunidas – que ao todo somam quarenta e nove – são as seguintes: *Arabesca; Aventuras do pequeno polegar; Balada da bela adormecida; Batuque; Berceuse da boneca triste; Berceuse da onda; Berceuse da saudade; A boneca sonhadora* (dois exemplares); *Branca de neve; Canção ao luar; Canção do mar; Canção sertaneja; Canção do violeiro; Capelinho vermelho; Cisnes; A dançarina automática; Dois epigramas; Duas miniaturas; A fada do bosque; A gata borralheira; Historieta ingênua; Marcha dos soldadinhos desafinados; Marcha triunfal; Meu coração; Miragem; A monótona caixinha de música; Noite de junho* (dois exemplares); *Noite de verão; Noturno* (dois exemplares); *Pirilampos; Prelúdio fantástico; Rêverie; Romança; Samaritana da floresta; Serenata do príncipe encantado; O soldadinho da perna quebrada; A sombra suave* (dois exemplares); *Suíte; Três estudos em forma de sonatina* (dois exemplares); *Trio brasileiro* (dois exemplares); *As tuas mãos; A velha história* e, finalmente, *Vesperal.*

2 Guilherme Fontainha (25/06/1887 – 18/09/1970) foi nomeado diretor do então Instituto Nacional de Música em 1931, após ter sido, também, aluno e professor. Ocupou o cargo durante sete anos,

148   Mário de Andrade

pecial benemerência para o Brasil. Porque vem minorar um pouco o desespero das nossas orquestras, das nossas sociedades sinfônicas e de agrupamentos de cordas, a respeito da execução de música nacional.

Uma determinação federal, muito razoável em sua finalidade, obriga hoje os concertos que se realizam no país a terem no programa alguma composição de músico brasileiro. Ao que me disseram, em certas regiões do sul do país, que estamos cuidando de renacionalizar, a exigência está sendo, no momento, bem mais severa, aumentando o número de peças brasileiras a serem executadas e diminuindo sistematicamente a execução do repertório clássico alemão. Já estudei este caso noutro lugar e não vou me repetir aqui, tanto mais que a informação chegou muito vaga e incompleta.[3] O que me interessa agora é comentar, em geral, o caso da colaboração brasileira aos nossos programas de concerto.

---

período em que deu continuidade às ideias de Luciano Gallet, este muito influenciado por Mário de Andrade. Criou, assim, a biblioteca, reformulou a orquestra da escola, bem como fundou a *Revista Brasileira de Música* e, ainda, a Coleção de Música Brasileira, com o objetivo de divulgá-la no exterior. Aposentando-se já na Escola Nacional de Música da Universidade do Brasil – devido à reforma do ensino musical proposta pelo Ministério da Educação e Saúde – Antônio Leal de Sá Pereira (08/1888 – 21/02/1966) o substitui em 1938, após ter sido nomeado professor catedrático de pedagogia musical no mesmo ano.

3   Trata-se do artigo "Teutos mas músicos", publicado no *Estado de S. Paulo* a 31 de dezembro de 1939 (*Música, doce música*. São Paulo: Martins, 1963), onde, aliás, o autor antecipa as preocupações expostas aqui na crônica da *Revista*: "Eu não pleiteio nada, porque não sei exatamente o que se está passando no sul; apenas comento uma possibilidade de engano que será culturalmente prejudicial. Acho perfeitamente justo, pois que se trata de nacionalizar toda uma região brasileira, que se force um pouco à exigência, e se obriguem essas sociedades teuto-brasileiras a compor programas com pelo menos um terço de música nacional. Há exagero nisso, mas será um exagero necessário" (p. 317, 318).

Qual a situação atual de uma orquestra, de um coral ou de um quarteto, que deseje incluir sistematicamente, em todos os seus concertos, música de compositores nacionais? É a situação mais esteticamente e praticamente desesperadora. Vejamos o lado prático. As nossas casas editoras, pelo alto custo e raridade de compra desses gêneros de composição, não se arriscam senão uma vez ou outra muito audaciosa (e fazendo grande escarcéu de seu patriotismo) a editar quartetos, quintetos ou poemas sinfônicos. Assim, o repertório brasileiro de peças para conjuntos de câmara, corais ou sinfônicos, na sua infinita maioria ainda não está editado. Com exceção das partes sinfônicas das óperas de Carlos Gomes, tudo o mais vive represado numa ou quando muito duas cópias manuscritas. Estas cópias, geralmente nas mãos dos próprios compositores ou de seus herdeiros, param no Rio ou em São Paulo, onde as possibilidades de execução se apresentam com maior frequência. De forma que todo o resto do país se vê na mais insolúvel angústia. Se de Joinville ou do Recife vem o pedido de empréstimo de uma dessas obras, o compositor ou sua família não podem mandar fazer cópia nova, pelo que isso implica de despesas. E, por outro lado, hesitam em mandar a cópia que possuem, porque ela pode se perder, se esfrangalhar, vir cheia de anotações erradas. Recentemente, pelo que fui informado, assim se perdeu a cópia de uma peça orquestral de um dos nossos maiores compositores vivos. A situação é esta e não há esperança de melhorá-la, porque as nossas editoras comerciais ainda são muito imediatistas, querem se cobrar logo do gasto das suas edições, não sabem ainda jogar com futuros longínquos para esgotar suas obras. Diante de tal situação, só mesmo os poderes públicos podem vir em auxílio do Brasil musical, editando eles as obras e distribuindo-as pelo país e no estrangeiro.[4] É por isso que considero as atuais e tão perfeitas edições da Escola Nacional de Música uma grande benemerência a mais, a ajuntar ao movimento educativo do atual Ministério da Educação.

Considerando o problema sob o ponto de vista estético, confesso não ser muito favorável a dar-se aos programas nacionais um peso exagerado de música brasileira. Não acho possível, tanto educativamente como para atrair público, prescindir-se do repertório clássico, como elemento básico de programas. E o mesmo penso do ponto de vista econômico, pois são essas obras as únicas que não pagam direitos autorais. E estes, para certas peças modernas, são tão pesados, que mesmo as sociedades maiores, de Rio e São Paulo, não os podem pagar sem sacrifícios, e equilibrando o programa com numerosas peças já do domínio do público. Além disso, há que pensar nas necessidades psicológicas de um programa. É certo que a música brasileira de verdadeiro caráter nacional ainda não se expandiu suficientemente por todas as variações musicais que lhe apresenta a nossa música folclórica, para estar em condições de variar atrativamente seus programas. Disto sofrem muito, aliás, os regentes brasileiros que, no estrangeiro, desejem promover dois ou mais programas de música nacional. Porque esta, por demasiadamente característica em seus ritmos,

---

4   Dez anos antes, o autor já se mostra preocupado com o assunto, a saber: " (...) o que sucede? As casas editoras nacionais só se ocupam na infinita maioria dos casos, de editar a boniteza internacional! E enquanto isso, deperece a criação nacional e o músico brasileiro está pensando: pra quê compor mais, se não me editam a mim e só a Newins, Rougnons, Frontinis e outras excelsas nulidades?" (ANDRADE, Mário de. "Campanha contra o 'trust' dos comerciantes de música". In: *Música, doce música*. São Paulo: Martins, 1963, p. 251).

fatiga facilmente o público, que, sendo em geral de pequena cultura técnica, começa logo a sentir que tudo "é muito igual". É certo que, pelo menos dentro do Brasil, poderemos recorrer ao repertório tradicional da nossa música, Miguez, Oswald e outros que tais. Mas se um Oswald tem valor próprio, nem sempre isso sucede com os outros; e entre Wagner ou um wagneriano brasileiro, entre Debussy e um debussysta brasileiro, parece que o mais útil, o mais pedagógico, o mais nacional mesmo, é ir direto à fonte pura e executar, com franqueza, Wagner e Debussy. O nacionalismo é justo; mas há que ter dele uma compreensão muito reta para que não se tome o galo pela aurora e as confusões não entorpeçam o próprio engrandecimento do país...

MÁRIO DE ANDRADE

Revista do Brasil, 3ª fase, ano 3, nº 20,
fevereiro 1940, p. 77-78

Camargo Guarnieri

A guerra nos trouxe de volta, ano e meio antes do que esperávamos, o compositor Camargo Guarnieri, que o Estado de S. Paulo enviara à Europa para completar seus estudos e exercer-se na regência. Não há dúvida que esta volta não foi um triunfo público como a de Carlos Gomes; porém nós, brasileiros, já estamos tão acostumados a perder em futebol, que já verificamos a utilidade mais profunda do triunfo moral... Muitos interesses se entrançam no retorno de um artista de valor; já vivemos, em nossa música, uma fase de concorrência entre músicos, de forma que o renascimento de um forte "desempregado", que apenas traz seus valores pessoais como bagagem, inquieta e desarticula o nosso estreito e inquieto mundo musical. Mas o Departamento de Cultura de São Paulo, na sua bela missão de proteger os verdadeiros valores, ofereceu logo a Camargo Guarnieri ocasião de dirigir um concerto sinfônico, onde ele apresentou uma das suas obras novas, os *Três Poemas* para canto e orquestra.[1]

---

1   A 12 de janeiro de 1940, em São Paulo, Mário de Andrade prestigia o concerto do amigo. Os *Três poemas para canto e orquestra* foram escritos quando da estadia do compositor em Paris, em 1939, sobre poema de seu irmão Rossine Camargo Guarnieri. São eles: *Tristeza, Porto seguro e Coração cosmopolita*, este em primeira audição no país. O programa sinfônico, promovido pelo Departamento de Cultura, contou com a participação da cantora Cristina Maristany e

A primeira razão do triunfo... moral de Camargo Guarnieri foi não ter ele perdido nem o acentuado caráter brasileiro da sua música nem a sua originalidade pessoal. É a primeira lição a se tirar do seu caso. Em geral os nossos Poderes Públicos mandam os artistas ainda muito moços, mal saídos dos estudos escolares, "completar" os estudos na Europa. Personalidades ainda muito hesitantes, com os estudos não só por completar, mas ainda em muitas partes por fazer, o mais comum é sofrerem esses artistas jovens a deslumbrante marca europeia. Se despaísam por completo e nunca mais, muitas vezes, conseguem se encontrar definitivamente em sua personalidade. Especialmente enquanto se trata de personalidade racial.

Ora, Camargo Guarnieri foi à Europa não mocinho das nossas esperanças, mas na chegada dos trinta anos, em plena força do homem. O resultado foi outro. Era já um artista feito, com algumas obras já definitivas, quando partiu. Não voltou novo nem outro. Os estudos que fez na Europa não o despaísaram nem despersonalizaram; antes Camargo Guarnieri repetiu o fenômeno de Vila-Lobos, que também foi à Europa depois de ter a sua personalidade definida: o progresso foi no sentido da profundeza. Camargo Guarnieri aprofundou as suas qualidades pessoais, enriqueceu a sua música apenas dos elementos e experiências que a não desnorteassem, se refinou.

Este refinamento se manifestou, no concerto do Departamento de Cultura, especialmente no sentido da

---

trouxe, ainda, a *Suite-Ballet*, de Lully, o moteto *Exultate, Jubilate,* de Mozart; *Catalonia*, de Albeniz, bem como *Toada triste* – mais uma obra do compositor paulista em primeira audição no Brasil (Série *Programas Musicais Brasileiros*, Arquivo Mário de Andrade, IEB/USP, nº 869).

regência. É incontestável que o progresso foi bem mais sensível, neste plano da música. Hoje Camargo Guarnieri se apresenta com outra autoridade. As suas interpretações foram notáveis pela discrição e harmonia, e esplêndidos os efeitos de clareza e ardor, obtidos sem nenhum desencadeamento de fortíssimos enganadores. Temos mais um regente.[2]

Com os *Três Poemas* para canto e orquestra e mais a série das canções com acompanhamento de piano, pude surpreender o compositor em plena fase madura da sua produção. Em princípio, prefiro as canções com pia-

---

2 Como ganhador do prêmio de aperfeiçoamento artístico para compositores, promovido pelo Conselho de Orientação Artística de São Paulo, em junho de 1938 Camargo Guarnieri parte rumo à Europa para especializar-se em regência de corais e orquestra. Ao estabelecer-se na capital francesa, obtém aulas com François Ruhlmann, então chefe da orquestra da Ópera de Paris. Na troca de cartas, Mário de Andrade acompanha a chegada do amigo, "em pleno verão, época essa de completa paralisação artística e, também, de tumultuosa situação política europeia", e participa de suas angústias perante a guerra que está por acontecer – fato que, como diz o musicólogo, o traz de volta "ano e meio antes" do esperado: "Felizmente o frio já se despediu. Se a natureza começa a anunciar a primavera, os homens querem a todo custo anunciar a guerra! (...) Meu amigo, temos passado uns bocados bem tristes aqui! (...) Não sei se conseguirei chegar até o fim do meu pensionato! Qualquer dia estou chegando por aí, isso se der tempo!... É possível que a gente morra como rato!" Alguns meses depois, ainda desabafa: "Você deve ter estranhado não ter eu falado em guerra. Pois é, a coisa aqui anda tão ruim, tão ruim que nem é bom falar. Já entreguei a minha alma, minha vida para o que der e vier!" (Carta do compositor enviada a Mário de Andrade em 30/03/1939.)
Muito embora ela tenha sido consultada no arquivo do escritor, pode-se encontrá-la no livro sobre Camargo Guarnieri, *O tempo e a música*, em cuja segunda parte Flávia C. Toni reúne as cartas trocadas e publica um estudo crítico a respeito de tal correspondência. Consulte-se igualmente SILVA, Flávio (org.). *Camargo Guarnieri: o tempo e a música*. Rio de Janeiro: Funarte; São Paulo: Imprensa Oficial do Estado, p. 241-242. (Arquivo Mário de Andrade, série *Correspondências*, IEB/USP, carta de 13/05/39).

no, em que a conjugação do elemento acompanhante ao solista me parece esteticamente mais acertada. A excessiva matéria sinfônica me parece desequilibrar um bocado o conceito da canção. Mas assim ajuntados, e ligados uns aos outros pela gradação dinâmica e as formas populares brasileiras que os inspiraram, os *Três Poemas* são uma obra unida e das mais belas peças vocais de Camargo Guarnieri. Quanto ao *andante* central, intitulado *Porto Seguro*, este me parece um dos momentos culminantes da nossa lírica, uma perfeita obra-prima.

MÁRIO DE ANDRADE
Revista do Brasil, 3ª fase, ano 3, nº 21,
março 1940, p. 64-65

Magdalena Tagliaferro

Anuncia-se para este ano a volta de Magdalena Tagliaferro ao Brasil. É uma notícia que me encheu da maior alegria e será por certo um dos grandes acontecimentos musicais do ano, esse reaparecimento da grande pianista após creio que mais de dez anos de ausência.[1] Como estará ela agora? Qual a sua psicologia de intérprete atualmente? Terá conservado, com o passar destes anos, aquela mesma audácia interpretativa,

---

[1] Depois de uma série de recitais realizados nos Estados Unidos durante o mês de março de 1940, a pianista vem para a América do Sul realizar concertos em países como Uruguai, Argentina e Brasil, uma vez que a guerra a impede de voltar às suas atividades no Conservatório de Paris. "Segundo Flávia Toni, 'percebe-se que no início de 1940, com a tomada da capital francesa pelos alemães, várias atividades foram paralisadas momentaneamente e afetando o dia a dia da pianista, que lá residia e trabalhava no Conservatório de Paris. Ela aceita, então, o convite para uma série de recitais nos Estados Unidos, durante o mês de março, e de lá vem para o Brasil tendo em vista outras apresentações'". SILVA, F. (org.) *Camargo Guarnieri: o tempo e a música*. Rio de Janeiro: Funarte; São Paulo: Imprensa Oficial do Estado, 2001, p. 275. Apresenta-se, assim, no Rio de Janeiro, nos dias 23, 25 e 27 de abril, bem como nos dias 01, 03, 06 de maio e 24 de junho. Em São Paulo, Magda realiza concerto somente no dia 10 de maio (Série *Programas Musicais Brasileiros*, Arquivo Mário de Andrade, nᵒˢ 873-878; IEB/USP).

A pianista, ao referir-se aos recitais de 1940 realizados no Rio, revela que durante esses concertos "podia-se ouvir Mário de Andrade, o grande escritor, gritando em seu camarote de onde só faltava despencar sobre a plateia: 'Magdalena! Eu te amo!'" (TAGLIAFERRO, Magdalena. *Quase Tudo*. Trad. Maria Lúcia Pinho. Rio de Janeiro: Nova Fronteira, 1979).

aquele *furore bacchantico* que lhe fazia sair as execuções com uma originalidade sem par?... Estas perguntas nos inquietam um bocado, a nós, os seus amigos, não porém em relação a nós, mas relativamente ao público.

Fotografia da pianista com dedicatória a Mário: "Ao Mario de Andrade/cujo espirito deslumbrante é o/requinte intellectual e artistico da/nossa terra, o meu/verdadeiro afecto. Magdalena Tagliaferro/Rio,/junho 1940//". (Arquivo Mário de Andrade, série Fotografias, IEB/USP)

É preciso insistir ainda sobre essa criminosa mania estratificadora do público, que, depois de consagrado um artista numa determinada personalidade criadora, não lhe permite mais que mude e só quer ouvi-lo

Sejamos todos musicais 159

dentro dessa mesma personalidade. O caso mais espantoso deste gênero, que já tivemos, é o da sra. Guiomar Novaes, essa indiscutível vítima do *Hino Nacional* de Gottschalk. Consagrada como intérprete dessa inconcebível peça, os anos passam sobre a sra. Guiomar Novaes, de menina virou moça, depois casou, tornou-se mulher feita, muito viu e muito ouviu, houve guerras e revoluções, carnavais, tempestades, e o advento do fascismo. Mas para o público brasileiro a sra. Guiomar Novaes será eternamente a executora do *Hino Nacional* de Gottschalk.[2] E assim os artistas viram escravos do seu público, não podem se modificar; e como a marcha da idade os modifica necessariamente, é o elemento mais fatal de evolução artística, como recentemente salientou o sr. Álvaro Lins na sua *História Literária de Eça de Queiroz,* o pobre artista célebre, oitenta vezes sobre cem, acaba insincero, se macaqueando a si mesmo, para dar de si ao seu público aquela primeira imagem antiga... "que os anos não trazem mais".[3]

---

2   Analogamente ao que escreve para o texto da *Revista do Brasil,* Mário, doze anos antes, já evidencia a "escravidão" de Guiomar Novaes para com seu público: em artigo dedicado a uma das apresentações da virtuose em 1922, o crítico é enfático ao falar sobre a execução da peça de Gottschalk: "Não lembrarei o *Hino Nacional* porque tenho certeza que esse fogo de artifício de festa do Divino repugna a consciência artística da grande virtuose. É a estupidez patriótica de parte do seu auditório que a obriga a repetir ainda e cada vez pior (...) a famigerada pirotecnia" (ANDRADE, M. "Guiomar Novaes II". In: *Klaxon: mensário de arte moderna*, nº 3. Introd. Mário da Silva Brito. São Paulo: Livraria Martins, Secretaria da Cultura, Ciência e Tecnologia, p. 7/10, ed. facsimilar, 1976.).

3   A obra de Álvaro Lins (LINS, A. *História literária de Eça de Queiroz.* Rio de Janeiro: José Olympio, 1939), localizada na biblioteca do musicólogo, traz dedicatória do autor e diversas notas à margem do texto.

Magdalena Tagliaferro, a magnificente, a deslumbrante Magda da última vez que a ouvi e a conversei... Me lembro das suas mãos magras, feitas menos de dedos que de nervos, suas unhas redondas, acomodadas ao toque pianístico. Mas Magdalena Tagliaferro era uma espécie de não-conformista, e as suas mãos davam a prova disso. Por mais que ela as tratasse em consideração do piano, as suas mãos eram um reflexo exato do seu temperamento, eram mãos também revoltadas, como a artista era uma revoltada contra os cânones interpretativos, os lugares-comuns sobre Chopin, Mozart, Beethoven, as sonoridades e os fraseios esteriotipados. Da mesma forma como a ouvi dizer coisas duras, ferozes mesmo, contra os filisteus e os *beckmesseres* da interpretação pianística, várias vezes a vi sair do piano, após execuções resplandescentes de vitalidade e beleza, com as mãos ensanguentadas. O piano ficara retinindo de manchas encarnadas. E não era por alguma deficiência física, não, por nenhum defeito constitucional (como sucede mesmo com algumas pessoas que tocam piano), que os dedos de Magdalena Tagliaferro ficavam ensanguentados. Era, era sim, não-conformismo, era revolta, era raiva – aquela raiva sublime de que a grande artista se tornava possuída nos seus momentos supremos de criação.

Os dedos de Magdalena Tagliaferro tinham, naqueles tempos inesquecíveis, essa espécie de despudor em que nos deixam, a todos, os momentos de paroxismo perfeito. Vinham doentes do piano, vinham martirizados por um sacrifício magnífico em que, esquecidos de sua integridade, tinham realizado com uma exatidão magistral os desejos poderosos da artista. *Du sang, de la volupté et de la mort...*[4]

Qual a Magdalena Tagliaferro que receberemos agora?... Será sempre a mesma personalíssima artista, dona dos mais suaves, dos mais femininos acentos, mas principalmente criadora dos mais robustos delírios dionisíacos?... Não creio, não sei... nem sequer me interessa que ela permaneça a mesma. O que me interessa prodigiosamente é ouvi-la, é gozar o que ela me quiser dar da sua arte. É conhecê-la, mais que reconhecê-la. Quando um artista é verdadeiramente grande, quando ele se baseia numa técnica profunda e age movido por um temperamento de deveras forte, como é o caso de Magdalena Tagliaferro, não se pode imaginar decadências, mas apenas transformações. Quem existe é ele, não sou eu, ouvinte. Ele é quem me fará, me conduzirá e há de me esclarecer, pelos dons da sua fatalidade que não erra.

MÁRIO DE ANDRADE
Revista do Brasil, 3ª fase, ano 3, nº 22,
abril 1940, p. 68-69

---

4   Em negrito no original da *Revista do Brasil*, Mário de Andrade retira a expressão do Hino Nacional da França, qual seja, *La marseillaise*.

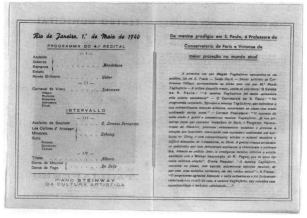

Programação musical de um dos concertos realizados por Magda Tagliaferro em turnê pelo Brasil, no ano de 1940 (Arquivo Mário de Andrade, série Programas Musicais Brasileiros, nº 876, IEB/USP)

Os Toscaninis

Os jornais já garantiram a próxima vinda de Toscanini ao Brasil, mas os murmurantes filhos da Candinha[1] andam propalando por aí tudo que, sem falar nas fortes despesas da orquestra que com ele vem, o famoso regente ganhará algumas centenas de contos de réis pelos poucos concertos que vai nos dar. Com semelhante combinação e abuso financeiro da genialidade, eu me pergunto meio assombrado, se valerá a pena termos a glória de ouvir Toscanini...[2]

---

1   No dizer do musicólogo, a expressão "filhos da Candinha" – que dá título, inclusive, a livro publicado em 1943 pela Martins – faz alusão aos intelectuais "fofoqueiros" da época.

2   Entre 13 de junho e 10 de julho de 1940, Arturo Toscanini realiza turnê pela América do Sul com a Orquestra da National Broadcasting Company, executando seis concertos no Brasil: dois em São Paulo e quatro no Rio de Janeiro. Na capital carioca, Mário de Andrade comparece a todas as apresentações, realizadas nos dias 13 e 14 de junho e 09 e 10 de julho, fazendo parte do programa peças de compositores brasileiros como *Congada*, de Francisco Mignone, e *Batuque*, de Lorenzo Fernandez. (Série *Programas Musicais Brasileiros*, Arquivo Mário de Andrade, IEB/USP, n°s 883, 884, 890 e 891) É mister dizer, ainda, o intelectual paulista guardou em seu arquivo artigo sobre a primeira apresentação de Toscanini no país, em 1889, que, curiosamente, revela ter sido essa a primeira regência do maestro italiano – na época, com apenas dezenove anos. (HUTS, Arno. *Arturo Toscanini: Magister magistrorum musices*. Le Menestrel, n° 47, s/l., nov. 1935, p. 349, 52. – Série *Recortes*, Arquivo Mário de Andrade, IEB/USP, álbum 45)

164 Mário de Andrade

A situação das nossas orquestras brasileiras é reconhecidamente deplorável. Se é certo que na técnica sinfônica, certos naipes orquestrais, em especial das cordas, já são bastante bons, outros, quando não de todo faltosos, são de uma insuficiência asfixiante. Isto, mesmo em cidades grandes como Rio de Janeiro e São Paulo. Já estivemos em muito melhores condições sinfônicas que agora, mas desgraçadamente as orquestras argentinas e uruguaias, organizadas por critérios muito mais racionais e proteção financeira oficial mais inteligente, chamaram a si vários ótimos instrumentistas brasileiros, que lá vivem agora. E a nossa decadência principiou. Hoje reinam em nossas orquestras a insatisfação, a deficiência e a indisciplina.[3]

Ora, que valor, que produtividade pedagógica poderá ter para orquestras como as nossas atuais, a próxima lição de Toscanini? Creio que nenhum. A diferença vai ser tamanha, que a coletividade nada poderá aprovei-

---

3 Ouvinte assíduo das salas de concerto de São Paulo, durante os fins dos anos vinte e início dos anos trinta, Mário de Andrade, com as críticas que faz para o *Diário Nacional*, envolve-se na briga pelo "sinfonismo paulistano" das duas únicas orquestras do período, a saber, a Sociedade de Concertos Sinfônicos e a Sociedade Sinfônica de São Paulo. Com seu jornalismo de combate, considerando o momento político em que vivia e preocupado com propostas e soluções construtivas, o intelectual sonha com a formação de um grupo sinfônico "que pudesse trabalhar de forma ideal a escolha de repertório, agenda de espetáculos", dando "estabilidade de emprego para os músicos e incentivo a jovens maestros e compositores" (TONI, Flávia Camargo. "Uma orquestra sinfônica para São Paulo". *Música* – Revista do Departamento de Música da ECA/USP, São Paulo, nov. 1995) – sonho que, vale dizer, o escritor realiza quando na direção do Departamento Municipal de Cultura, ao criar a Orquestra Sinfônica, que já no seu primeiro ano de existência apresentou-se várias vezes nas noites de concerto da capital paulista, chegando até mesmo a participar da montagem das óperas da Temporada Lírica Oficial.

tar. E é certo que não estaremos tão cedo em condições de apresentar orquestras a que a incomparável afinação e demais sublimidades técnicas do incrível virtuosismo toscaninesco possam ter alguma utilidade, servir de qualquer incentivo, realizar qualquer ensinamento. E quando chegar essa primavera por demais futura, a tradição da visita deste ano já estará inaproveitável.

E Toscanini será de alguma utilidade aos nossos regentes? Duvido muito. É incontestável que já possuímos alguns regentes brasileiros muito bons. Mas de que lhes serve o que valem e o esforço que fizeram em se educar, se ninguém se lembra de lhes dar orquestras nem ocasião de adestrar na continuidade o valor próprio? Deus me livre negar a proficiência de alguns regentes adventícios, mas me dói este já agora inexplicável complexo de inferioridade nacional, que faz nos curvemos ante os produtos de importação, a eles dando todas as honras, todas as possibilidades, esquecidos que o ouro da casa, mais produtivo já que o colonial, tem para nós, pelo menos o instinto da nacionalidade e a força da duração. E não será um verdadeiro martírio de Tântalo propiciar aos nossos regentes a mirífica lição de Toscanini, e, em seguida, lhes negar a orquestra em que poderiam se exercer e pôr em experiência o aprendido?... Ora, inventemos um novo provérbio nacional:

Maestro que Toscanini adestra,
Tem batuta mas não tem orquestra.

A vinda de Toscanini não obedece a nenhum critério de orientação cultural. Não passará, em máxima parte, de um fogo de artifício fulgurante, obediente ao princípio de religiosidade dos virtuoses-tabus, em que o maravilhoso regente substituiu Caruso, como Obatalá intocável, na macumba admiradeira internacional. Umas quatro mil pessoas do Rio e de São Paulo, das que podem pagar caro pela ventura duma audição (que deverá ser sublime, não nego), despenderão o preço elevadíssimo das localidades dos teatros. Gozarão talvez a hora dos melhores sons sinfônicos jamais ouvidos nesta Guanabara e no rio Tietê. E em seguida essas quatro mil pessoas dirão por aí fora que ouviram Toscanini, com a mesma paciência monárquica dos que viram o rei Alberto e a mesma unção mística dos que beijaram a mão do Papa. Aliás, neste caso de místicas, eu conheci uma impetuosa senhora de minha terra que se recusava sem apelo a beijar o anel do arcebispo de São Paulo, porque já tivera a honra também fulgurante de beijar a mão de Sua Santidade.[4] Já estou ouvindo o esnobismo nacional torcer o nariz a todos os nossos futuros empreendimentos sinfônicos, só por já ter tido o gosto, igualmente fulgurante, de escutar Toscanini. Se não for impertinência, ponho em circulação mais outro provérbio nacional:

Só quem Toscanini escuta
Tem razão e araruta.

MÁRIO DE ANDRADE
Revista do Brasil, 3ª fase, ano 3, nº 23,
junho 1940, p. 78-79

---

4   Na época, exerciam as cátedras o Papa Pio XII e o Arcebispo Dom José Gaspar D'Afonseca e Silva.

Referências bibliográficas

Obras citadas por Mário de Andrade

ANDRADE, Murici. "Temperamento e interpretação". *Revista Brasileira de Música,* Rio de Janeiro, Imprensa Oficial, 4º fascículo, vol. VII, 1940-1941.

CÂMARA CASCUDO, Luiz. *Vaqueiros e cantadores.* 1ª ed., s/ed, 1939.

GOMES, Antônio Carlos. *O Guarani: ópera baile em 4 atos.* Versão e adaptação de C. Paula Barros. Rio de Janeiro: Imprensa Nacional, 1938.

Obras de autoria de Mário de Andrade

Clã do Jabuti. 1ª ed. São Paulo: Ed. Martins, 1927.

Compêndio de História da Música. 1ª ed. São Paulo: I. Chiarato, 1928.

Dicionário Musical Brasileiro. Coordenação Oneyda Alvarenga e Flávia Toni. Belo Horizonte: Itatiaia; Brasília: MinC; São Paulo: IEB/USP, Edusp, 1989.

"Discurso inaugural". *Revista do Brasil,* 1ª fase, janeiro 1923, vol. 22, nº 85, p. 48-54.

Ensaio sobre a música brasileira. São Paulo: Irmãos Chiarato, 1928.

168 Francini Venâncio de Oliveira

Introdução à estética musical. Introdução, pesquisa, notas e estabelecimento do texto Flávia Camargo Toni. São Paulo: Hucitec, 1995.

Lição do amigo: cartas de Mário de Andrade, anotadas pelo destinatário. Rio de Janeiro: José Olympio, 1982.

Modinhas Imperiais. Belo Horizonte: Itatiaia, 1980.

Música, doce música. 2ª ed. São Paulo: Martins, 1963.

"Evolução social da música no Brasil". In: *Aspectos da Literatura Brasileira.* São Paulo: Martins; Brasília: INL, 1972.

"O movimento modernista". In: *Aspectos da Literatura Brasileira.* São Paulo: Martins; Brasília: INL, 1972, p. 231-259.

O Turista Aprendiz. Estabelecimento do texto, introdução e notas Telê Ancona Lopez. São Paulo: Duas Cidades, 1976.

Os cocos. Preparação, introdução e notas Oneyda Alvarenga. São Paulo: Duas Cidades; Brasília: Instituto Nacional do Livro, 1984.

Poesias Completas. 3ª ed. São Paulo: Martins; Brasília: INL, 1972.

Bibliografia sobre Mário de Andrade e o modernismo

ALVARENGA, Oneyda. *Cartas: Mário de Andrade/Oneyda Alvarenga.* São Paulo: Duas Cidades, 1983.

_____. *Mário de Andrade, um pouco.* Rio de Janeiro: José Olympio, 1974.

CANDIDO, Antonio. "A vida ao rés do chão". In: *Para gostar de ler*. São Paulo: Ática, 2003, p. 89-99.

LAFETÁ, João Luiz. *1930: a crítica e o modernismo*. 2ª ed. São Paulo: Duas Cidades; Ed. 34, 2000.

COLI, Jorge. *Música Final: Mário de Andrade e sua coluna jornalística Mundo Musical*. Campinas: Editora da Unicamp, 1998.

TONI, Flávia Camargo. *Mário de Andrade e Villa-Lobos*. São Paulo: CCSP, 1987.

Bibliografia utilizada nas notas de pesquisa

ANDRADE, Mário de. "Cândido Portinari". *Revista Acadêmica,* nº 48, fevereiro 1940.

_____. "Guiomar Novaes II". In: *Klaxon, mensário de arte (a)moderna*. nº 3. Introdução Mário da Silva Brito. São Paulo: Livraria Martins, Secretaria da Cultura, Ciência e Tecnologia, s/d.

_____. *Música e jornalismo: Diário de S. Paulo*. Introdução e notas Paulo Castagna. São Paulo: Hucitec, Edusp, 1993.

_____. "Pensando". *Diário Nacional,* São Paulo, 22 de janeiro de 1930.

ANDRADE, Murici. "Técnica e sensibilidade de Portinari". *Revista Acadêmica,* nº 48, fevereiro 1940.

AYESTARÁN, Lauro. *Domenico Zipoli, el gran compositor y organista romeno del 1700 en el rio de La Plata*. Montevidéu: Imprensa Uruguaya, 1941.

BILANCIONI, Gugliemo. *La sordità di Beethoven, considerazioni di un otologo*. Roma: A. F. Formiggini, 1921.

Enciclopédia Britânica do Brasil. São Paulo: Melhoramentos, 1976.

FRIEDENTHAL, Albert. *Stimmer der Vôlker,* vol. VI (Brasilien). Berlin: Schlesingersche Buch und musikhandlung, 1831.

GUIMARÃES, Luiz. *Villa-Lobos visto da plateia e na intimidade (1912-1935),* s/d.

HUTS, Arno. "Arturo Toscanini: magister magistrorum musices". In: *Le Menestrel,* nº 47, s/l., novembro 1935, p. 349-352 (Arquivo Mário de Andrade, série *Recortes,* IEB/USP).

KHONG-TSEU. *Les livres de Confucius.* Trad. Pierre Salet. Paris: Payot, 1923.

"La musique et les philosophes chinois", s/a. *La Révue Musicale,* Paris, Henry Prunières, vol. VI, nº 4, fevereiro 1925, p. 136-139.

LINS, Álvaro. *História Literária de Eça de Queiroz.* Rio de Janeiro: José Olympio, 1939.

MARITAIN, Jacques. *Art et Scolastique.* Paris: Louis Rouart e Fils, 1920.

MOREIRA, Álvaro. *O dia nos olhos.* Rio de Janeiro: Lux, 1955.

"Musique orientale et musique occidentale", s/a. In: *Le Mois: synthèse de l'activité mondiale,* nº 20. Paris: Maulde et Renou, agosto 1932, p. 250.

NAVARRA, Ruben. "Casuística sobre Portinari". *Diário de Notícias.* Rio de Janeiro, 18 de julho de 1943.

ROLLAND, Romain. *Vie de Beethoven.* Paris: Hachette, 1920.

SPIX e MARTIUS. *Reise in Brasilien.* Munique, 1831.

TAGLIAFERRO, Magdalena. *Quase tudo.* Tradução Maria Lúcia Pinho. Rio de Janeiro: Nova Fronteira, 1979.

TONI, Flávia Camargo. "Uma orquestra sinfônica para São Paulo". *Revista do Departamento.* São Paulo, novembro 1995.

Agradecimentos

Este livro de Mário de Andrade talvez permanecesse esquecido não fossem o incentivo e a generosidade de Flávia Camargo Toni. À Flávia, minha orientadora nos anos de 1999 a 2002, devo mais do que simples agradecimentos, pois minha gratidão ultrapassa a orientação zelosa e extremamente acolhedora daqueles anos, uma vez que diz respeito muito mais à amizade dos dias atuais e incentivos intelectuais de vária ordem.

Também sou grata à Telê Porto Ancona Lopez, pesquisadora que tantas vezes veio em meu auxílio para sanar dúvidas e me ajudar na localização de documentos importantes e valiosos a esta edição. Agradeço, ainda, à família de Mário de Andrade, assim como à Fundação de Amparo à Pesquisa do Estado de São Paulo (Fapesp), por terem viabilizado e possibilitado que estes textos de Mário de Andrade viessem à tona.

Aos funcionários do IEB/USP, sobretudo às bibliotecárias e arquivistas, agradeço a ajuda que em diferentes momentos me ofereceram na incessante busca às fontes do autor. Também agradeço aos colegas da equipe Mário de Andrade pelo apoio constante, em especial a Marcos Antonio de Moraes e Tatiana Longo dos Santos.

Quero agradecer, ainda, à Maria Arminda do Nascimento Arruda pelo carinho e generosidade com que acolhera este trabalho. Minha orientadora no mestrado e no doutorado, seu gesto foi dos mais preciosos ao aceitar prefaciar este livro de Mário de Andrade que vem acrescido de notas resultantes de minhas primeiras pesquisas acadêmicas.

Seria imperdoável não mencionar meus amigos e familiares pelo amparo de sempre, afinal, foi com eles que dividi muitas vezes a ansiedade das pesquisas, assim como as alegrias de cada descoberta. Desconheço palavras que possam traduzir a minha real gratidão à cumplicidade de Ricardo Souza de Carvalho, Rosângela Asche de Paula, Hivy Damásio Araújo Mello, Jefferson Agostini Mello, Alexandre Henrique Paixão, Anderson Trevisan, Tatiana Vasconcelos, Raquel Mazo, Marisa Alves, Lucélia Batista, Thana Souza, Maria Guadalupe Nogueira, Rosana Tokismatsu, Tamara Grigorowitchs, dentre muitos outros que deixariam esta lista certamente interminável. A todos, enfim, meus mais sinceros agradecimentos.

Aos meus pais e aos meus irmãos, não sei bem ao certo como expressar o tamanho de minha estima e gratidão, já que as palavras são incapazes de traduzir a extensão exata de todo meu amor, admiração e afeto. Agradeço-lhes sobremaneira pelo apoio constante, bem como pela generosidade com que souberam respeitar minhas escolhas, prova indubitável do mais nobre sentimento que nos une.

Finalmente, ao Fábio e ao Diego devo muito mais do que meros agradecimentos. O termo, aliás, soa-me insuficiente para expressar o amor dedicado, leal e sincero que deles recebo dia a dia. Sem o apoio

Agradecimentos

de ambos, e mais, sem a maturidade precoce do meu filhote – que soube respeitar, na medida do possível, as horas roubadas junto à mãe – eu não teria tido condições de me envolver novamente com essas crônicas. É sobretudo a eles que dedico estas páginas.

Esta obra foi impressa em São Paulo na primavera de 2013. No texto, foi utilizada a fonte Cambria em corpo 10 e entrelinha de 14 pontos.